从身边出发 同世界对话

和孩子一起看世界

乘风破浪的交通工具

刘馗 / 著

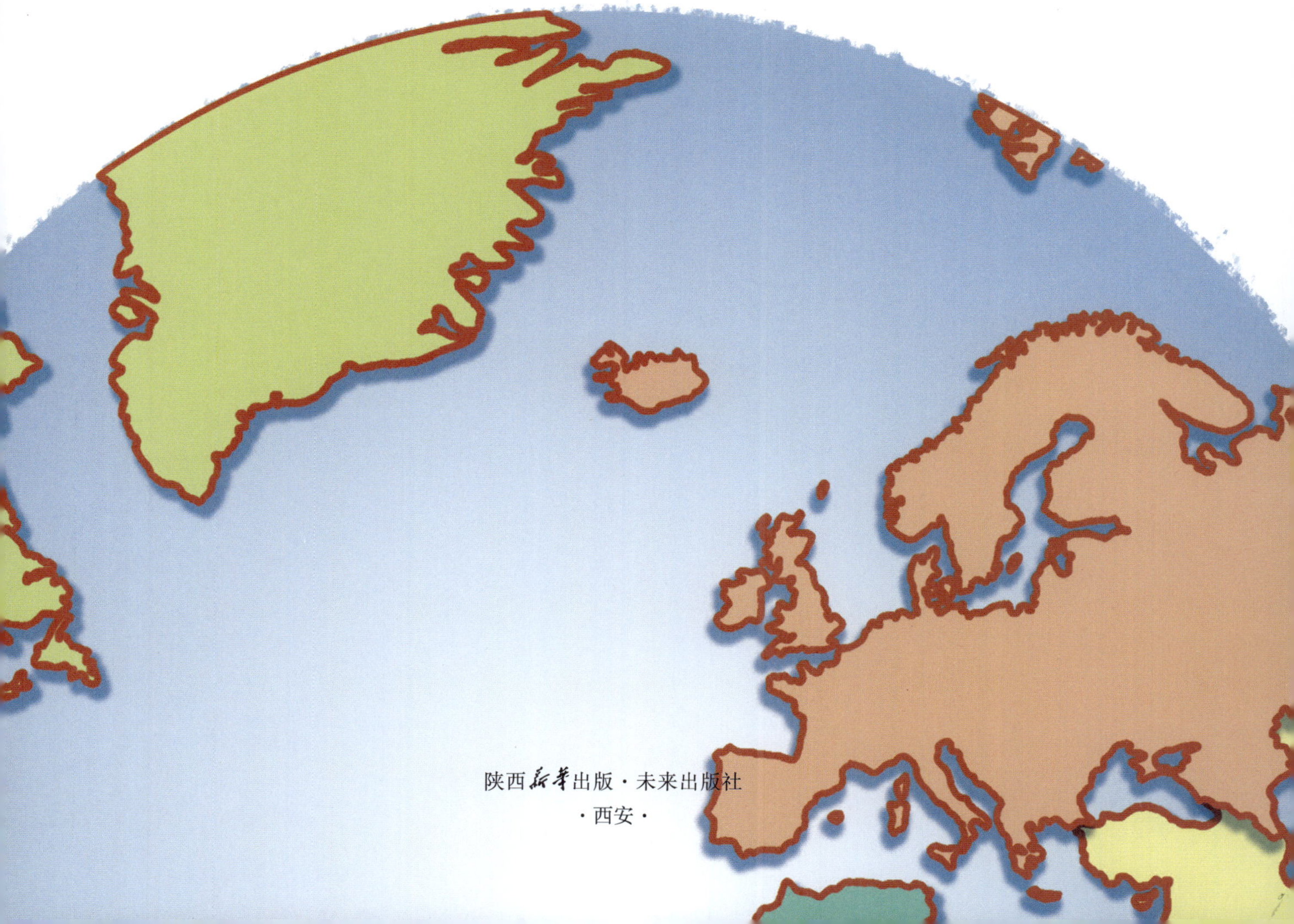

陕西新华出版 · 未来出版社
· 西安 ·

图书在版编目（CIP）数据

乘风破浪的交通工具 / 刘馗著 . -- 西安 : 未来出版社 , 2025. 7. -- (和孩子一起看世界). -- ISBN 978-7-5417-7747-9

Ⅰ . U-49

中国国家版本馆 CIP 数据核字第 2024126U6F 号

和孩子一起看世界　乘风破浪的交通工具

HE HAIZI YIQI KAN SHIJIE CHENGFENG POLANG DE JIAOTONG GONGJU

刘馗 / 著

审 图 号：GS 陕（2025）39 号 GS 陕（2024）110 号

出 品 人：李桂珍

图书策划：高　琳　张美琎

责任编辑：杨雅晖

参与编写：段雪莲

内文插图：正　雀

出版发行：未来出版社

社　　址：西安市登高路 1388 号

邮政编码：710061

电　　话：029-89122633　89120538

经　　销：全国各地新华书店

印　　刷：鹤山雅图仕印刷有限公司

开　　本：889mm × 1194 mm 1/16

印　　张：6

字　　数：120 千字

版　　次：2025 年 7 月第 1 版

印　　次：2025 年 7 月第 1 次印刷

书　　号：ISBN 978-7-5417-7747-9

定　　价：48.00 元

目 录

引 言

人类历史与交通

交通在人类文明的进程中起到了非常重要的作用。自古以来，人类便崇尚速度与力量，因为在早期人类的捕猎活动和战争中，这是取胜的关键。交通的不断发展使人类打破时空距离。为了能尽快到达遥远的地方并进行文化交流，人类不断寻找新的力量与速度，借助自然或非自然的力量以便快速前行。马、车轮、蒸汽动力、喷气发动机……有关交通的每一项历史性跨越都推动了人类社会的飞跃。

在人类历史早期，远古时代的人们为了求得生存和发展，往往不得不辗转迁徙。他们跋山涉水，披荆斩棘，前往更适合生存的地方。最原始的道路和航线，形成了人类在地球上留下的最初印记。起初人类还没有“交通工具”这样的概念，主要依靠步行来开辟新的道路，因此无法去较远的地方进行交流。因为不同区域的人们相互交流与融合并不多，这也导致当时人类生产力水平发展相对缓慢。之后，人类开始驯服一些动物，如将马、驴子等作为乘坐的工具或乘坐工具的动力，这时的人类开始有了真正意义上的交通工具。

进入农业社会后，人类为了农业生产开始定居生活，但人类并没有满足于眼前的宁静而安居一隅，征服地球的脚步并没有停止。开辟道路，连接周围的世界，寻找新的发展环境，这些都需要人类发展交通工具。此时，帆船和轿子作为交通工具先后出现，并与畜力交通工具长期并存。这种以人力、畜力和风力作为动力的交通工具占据了人类历史的很长一段时间，直至近代工业革命的发生。

1769 年，詹姆斯 · 瓦特改良蒸汽机成功，随后由蒸汽推动的火车、轮船开始出现，

人类交通工具的发展进入飞速发展阶段。在短短数百年里，人类不仅能上天（飞机、火箭、航天飞机），还能入海（轮船、潜艇），交通技术也日新月异……今天，交通已经成为人类日常生活的一部分，便利的交通工具在我们的日常生活中随处可见。但这一切并不是瞬间得来的，而是历史不断演化，人类长期探索与努力的结果。

交通是人类社会发展到一定阶段的产物，是人类进行商品交换的先决条件。随着交通的改善，人类的物质生产逐步从自给自足的方式，过渡到分工交换的方式，才有了走向现代社会的可能。历史已经证明：交通的进步大大改变了人们的生产和生活，使人员和物品的快速交流和信息的快速传输成为可能。由此，交通对社会经济、政治、文化各方面具有重要的影响力。例如，交通体现着人类社会的阶层划分。在古代，由于生产力水平有限，社会交通资源相对缺乏，拥有和使用交通工具在当时属于社会上层的特权。君主、贵族和官员乘坐的交通工具有着不同的规格以区别不同的等级。君主、官员、富人可以乘坐马车，次之有牛车，而贫民就只能靠自己两条腿步行。当然，这种不同等级的交通工具划分在今天的社会已不复存在。

与此同时，人类也被交通所塑造。在今天，如果有人想从北京到广州旅游，可以乘高铁或飞机，一天之内就可以到达。在古代，这样的旅程则要数月之久，加之不菲的路费，人们根本不会考虑假期从北京去广州旅游这样的问题。简而言之，远距离的路程和有限的交通条件限制了古代人们的想法和行动，便捷的现代交通使人们有了更广阔的视野，人们可以实现过去不可能完成的事情。交通无时无刻不在塑造着人类的思想与行为，成为人类文明不可或缺的一部分。而今天的交通工具使人类可以不断超越和挑战自身的生理限制。新的交通工具赋予人类超乎想象的力量。在它们的帮助下，人类得以穿过坚固的山岩，畅游于海床之下，联结整个世界，融合全球经济、政治与文化，甚至使人类可以疾如雷电，远至月球，探索宇宙的奥秘。而人类行动的自由，也带来了思想的解放、人口与资源的流动，我们得以获得新的观念与知识。

交通还在发展，给人类的未来带来无限可能。

用脚步征服地球

今天，如果从外太空俯瞰地球，你会发现在地球的每一个角落，几乎都可以找到人类的足迹，但这样的情况并不是自古以来就有的。根据考古学家和人类学家的研究发现：数万年前在地球上的大部分地区还没有人类出现，而现在分布在全球各地的人类很可能都来源于一个共同的祖先——现代智人。现代智人由距今 20 万年前起源于东非的原始人祖先进化而来。智人有较大的大脑和较高的智力，这使他们比其他早期猿人以及别的物种更能够适应变化较大的环境。大约 8 万 ~6 万年前他们离开非洲来到亚洲。然后，在 4.5 万年前或更早的时候，他们迁徙到现在的印度尼西亚、巴布亚新几内亚和澳大利亚。再经过 5000 年，现代智人才进入了欧洲和亚洲。最后，大约1.5万年前，现代智人从亚洲出发到北美，再从那里出发到南美。那时起，人类足迹已遍及除了大洋环绕、冰雪覆盖的南极洲以外的所有大陆。

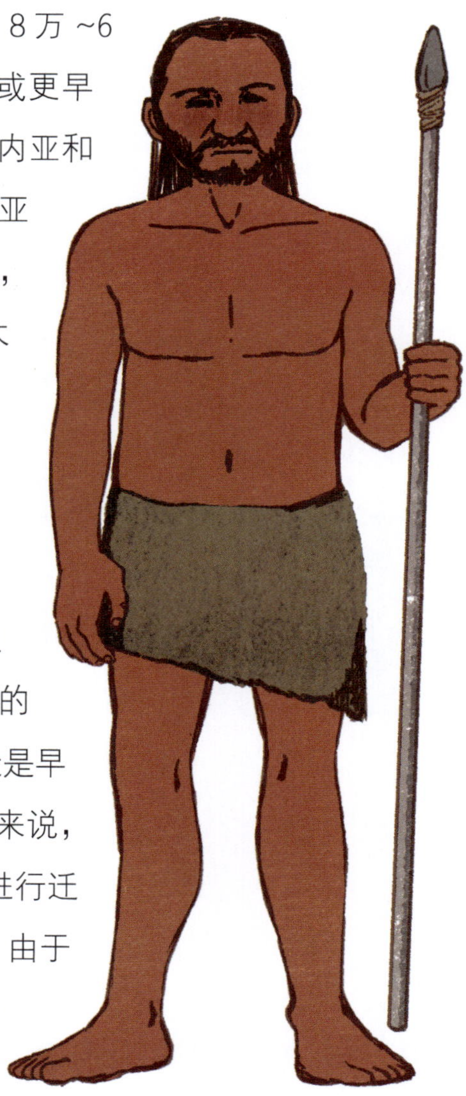

想一想，数千年前，我们的祖先——现代智人走出非洲大陆进入未知的大陆，走过炽热无边的沙漠，穿过茂密潮湿的雨林，越过贫瘠荒芜的冻土，渡过烟波浩渺的海洋，进而征服全球，奠定今天人类全球分布的历史版图，由此创造出灿烂辉煌的人类文明。这次迁徙是早期人类历史上的第一次迁徙，对于生产力低下的他们来说，过程堪称壮举。那么，生产力低下的早期人类是怎样进行迁徙、最终征服全球的呢？他们是否借助了交通工具呢？由于时间久远，细节已难以让世人清楚，这些问题直至今日仍是谜团重重。现代考古发现和研究正在揭开这些谜团，可以肯定的是早期人类在这次伟大的迁徙中并没有借助太多的交通工具，主要依靠自己的双脚，即借助步行征服了全球。大家也许觉得这不可思议，但的确如此，人类能步行去征服世界，这主要得益于地球最后一次的冰川期。历史上，地球曾经历过许多次冰川期。每当这个时候，地球的气温会下降，巨大的冰原覆盖地球上的陆地和海洋。距离今天最近的一次“大冰期”大约发生在10万年前至1.8万年前，这段时间冰原覆盖了欧洲和北美大陆的绝大部分地区，很多海洋也被冰封。许多原始人类的种群因为无法适应这样严酷的环境而灭绝。然而，现代智人凭借着会缝制衣物、搭建房屋、使用火种等技能，在这次困境中幸存下来，适应了寒冷严酷的气候。

这次冰川期也改变了现代智人以往的生活环境，之前温暖的非洲地区开始变得干旱，甚至成为荒漠，使人们无法生存而被迫迁徙出非洲。人类学家认为，早期人类的迁徙并不是毫无目的地到处游荡，而是有目的和具体方向的。从最早的史前阶段开始，人类就在衡量自己的选择和机会，然后做出合适的行动，环球大迁徙只是最终的结果而已。

由于冰川期导致海平面大幅下降，许多裸露的海床变成了干涸的陆地，有的海峡因为结冰成为连接大陆的桥梁，这为现代智人的迁徙提供了方便。为了寻找适合生存的新陆地，现代智人沿着海岸线行走。值得注意的是，比起内陆迁徙，沿着海岸线行走较为便利，因为环绕海岸的是一条干涸的沙路，不用翻越山脉或穿越大沙漠，沿途

的食物也有保障。由于不需要太多适应复杂环境的过程，沿海岸线迁徙的速度要相对快些。但到最远的地方去，如澳大利亚、太平洋上的岛屿和美洲等地，现代智人花费的时间可能需要成千上万年。这样的迁徙需要气候的变化，也需要智人们掌握一定的技术。在冰川期漫长的时间里，海洋中大部分的水都冻结成冰，形成了连接中国和日本、东南亚和菲律宾以及印度尼西亚、西伯利亚和阿拉斯加的大陆桥，使人类可以通行而迁徙四方。

当然也有例外。例如波利尼西亚的一些太平洋岛屿就没有大陆桥和其他地区连接。其结果是：居住在那里的人们的历史比世界其他大多数地区要短得多。因为直到公元前1000年，新几内亚人在掌握了用独木舟航行的卓越技巧后，才来到波利尼西亚这些岛屿。这些岛屿成为早期人类征服地球的最后区域。

为了求生存，人类祖先在没有任何交通工具的情况下，凭借自己的双腿，一往无前地迈向未知世界。正是这些人类祖先的好奇心和探索未知的勇气使人类的文明得以延续与发展。这是人类历史上第一次真正意义上大规模的交通行为，它远远早于交通工具的出现，更早于“交通”这个概念的出现。事实上，交通就这样开始了，它贯穿了人类历史与文明，从原始迁徙到发明与使用现代交通工具探索海底、太空等未知世界，人类探索、发现与征服世界的旅程从未停止。

成为交通工具的动物

发明和学会使用工具是人类进化史上的一次重要飞跃。这些工具除了生产和生活工具之外，与人类生活密不可分的就是交通工具。人类祖先虽然凭借双脚成功征服了全球，但是完成这次大迁徙足足耗费了数万年之久。人类意识到自身速度与力量的局限性，于是借助交通工具成为必然选择。被驯化的动物可能是人类最早使用的交通工具，但动物并非生来就是人类的交通工具，因此人类驯服动物并将其变成交通工具来使用，这一过程也较为漫长，需要持续上千年。

迁徙到全球各地的人类祖先为了适应当地自然环境和更好地生存，各自驯化了当地适合的动物作为交通工具。比如，驴出自埃及，马主要出自中亚和乌克兰，牛最早出现在西南亚和印度，牦牛产自西藏，羊驼最早驯化于南美。毛驴是最早被用来承载重物的牲畜，但马匹、骡子和骆驼在长途运输方面很快就取代了毛驴的地位，因为它

们具有更强的承载能力。牛是最早被用作拖拉物品的牲畜，因为它的力量使得它拖拉耕犁或车辆较为合适。

人类驯化野生动物一开始并非作为交通工具，而是食用，被驯化的牲畜的肉和奶水成为人类的食物来源之一。然而作为附加功能的开发，将各类饲养的牲畜用于驮架重物和拖拉耕犁及车辆，几乎具有与前者同等重要的意义。动物作为交通工具是人类文明的一次大飞跃。它的意义在于人类突破自身的局限性，借助动物的力量，开启了利用交通工具的历史。从此，人类得以走得更快、更远。

借助狗的力量前进

狗是人类最早驯化的动物之一，起初是由狼驯化而来。在人类采集狩猎时代，一些脱离狼群、性格较为温顺的狼为了得到食物接近人类，被人类豢养。人类日复一日地给它们食物和教导，使这些狼更容易融入人类家庭，野性不断降低，并学会理解人类的指令。而且在这种情况下，它们比野外生存的狼活得更久，于是温驯的遗传基因就被继承下来。矮壮的狗通过咬住牲畜的脚后跟来放牧，体长的狗负责把野兽赶出洞穴。纤瘦光滑的狗擅长赛跑，肌肉发达的狗负责执行警戒任务，由此便形成了狗的众多品种。当然，这里面还有作为交通工具的狗——拉雪橇的狗。

影响人类历史的骆驼

骆驼是一种生殖率较低、行走速度也不快，且不适应潮湿环境的动物，但由于骆驼在承重和干旱缺水地区具有自身的优势，它甚至可以在没有水和食物补给的情况下，生活一周甚至更久，这样的特性使骆驼成为干旱地区人类首选的交通工具。人类历史上骆驼很早就被驯化，用于干旱地区的长途贸易途中。公元前 2000 年，已经有两种骆驼被人类驯化了，双峰驼在中亚地区被驯化，而单峰驼在阿拉伯半岛地区被驯化。单峰驼驯化的历史可能还要更早，可以追溯至公元前 3000 年。被驯化的骆驼很快成为干旱地区人们外出骑乘、驮载生产和生活物资的交通工具，还被运用于军事领域。

早在公元前 9 世纪，单峰驼和双峰驼就被亚述人用来征服埃及。罗马帝国时期，骆驼也被广泛使用，用于带着战士到北非的沙漠边缘巡逻。在东方，因为丝绸之路上干燥少雨的自然环境，骆驼自然成了商人运输货物的首选，更适合载重的双峰驼被广泛用于丝绸之路上，为东西方的贸易和文化交流发挥了重要作用。至 7 世纪，在被称为“不毛之地”的阿拉伯半岛，骑在骆驼上奔跑的阿拉伯人通过伊斯兰教团结起来，击败日趋衰败的东罗马帝国和波斯帝国，创造了一个属于自己的新世界。在这一过程

中，阿拉伯战士非常巧妙地利用骆驼，在浩瀚的沙漠中靠灵活的战术打败了一个个强国。可以说，横跨亚欧非三大洲的阿拉伯帝国的建立，骆驼功不可没。

古代美洲唯一充当交通工具的动物——羊驼

羊驼这种外表像绵羊的动物，实际是骆驼科动物。它与产于亚洲和非洲的单峰驼和双峰驼一样，都是由原驼进化而来。但不同的是，羊驼是西半球人类驯化的唯一动物，对西半球的历史有着重大影响。与其他大洲不同，美洲的原始居民受限于本土的环境与资源，很少驯化野生动物，因此在欧洲人到达美洲以前，这里没有羊、牛、马等常见的家畜，而羊驼是个例外。作为原产于南美洲的古老畜种，羊驼被人工驯养超过 6000 年，很早就成为南美居民的食物和毛料来源，并用来运输东西。它是当地唯一可以充当交通工具的动物，经常用于高地和海岸间的贸易以及从高山到亚马孙河流域的旅途中。在当地，羊驼还被当作祭品或贡品，供奉于当时重要人物的葬礼中。羊驼是南美洲安第斯文明的一部分，也是其文明生活方式的体现。不过由于羊驼骨架偏小，力量偏弱，不适合人们骑乘，也无法拉车，只能用来驮运物资。因此，美洲的印第安人既没有马，也没有牛，以至于无法发明车轮和骑兵。交通工具的单一与匮乏造成了美洲文明发展的相对缓慢和闭塞。

船的发明

人类最早发明的交通工具是水上交通工具，因为早期人类大多临水而居，比如在自然条件比较优越的河流和湖泊边缘。人类早期文明也主要发源于美索不达米亚（两河流域）、古埃及（尼罗河流域）、古印度（印度河流域）、长江和黄河流域。人类先祖们的生活与水息息相关，饿了要下水捕获鱼类作食物，洪水泛滥时要逃命，采集的食物或猎物需要运输……因此早期人类希望有一种水上工具能帮助他们征服江河湖海。最终，人类在实践中增长了智慧，通过观察自然现象他们受到启发，早期人类通过对一些具有浮性物体的认识，开始设计和创造水上交通工具。

最早的渡水工具——浮具

人类最早的水上交通工具并不是船，而是浮具。考古发现原始人类可能在不同场合，因地制宜采用相应的原材料做浮具使用，这些浮具比筏子和独木舟出现得更早。通常，浮具所使用的物料包括倒下的树干、脱落的树枝，以及随处可见的竹竿和芦苇。在缺乏木、竹等浮体材料但动物兽皮出产较多的地方，人们把兽类的皮整体剥下制成一个封闭气密的皮囊，然后吹气使之膨胀，就可漂浮在水上，支撑一两个人渡河。但当独木舟、木板船兴起后，浮具虽然直至今天仍为人所用，却已退居为次要的工具了。

浮具的进化——筏具

筏具脱胎于浮具。为了寻求比浮具更好的水上工具，人们尝试把一些漂浮物捆起来制成筏，如竹筏、木筏、草筏等。筏具的制作材料多

葫芦与腰舟

葫芦具有体轻、浮力大、防水性强的优点，很早就被人类用作浮具。在我国7000年前的河姆渡文化遗址已出土了葫芦，说明从新石器时代早期开始，中华民族的先人已经种植和应用葫芦了，其中包括利用葫芦的浮力作为渡水的工具。人们将一个或多个葫芦串接起来，缚在腰间，入水后人半沉半浮，利用手脚划水前进。中国古代称这种浮具为腰舟。腰舟是古代重要的浮具和渡水工具，它是人类战胜洪水最古老、最简单的浮具。今天在我国海南黎族地区，还有人在使用这种传统的腰舟当救生圈。

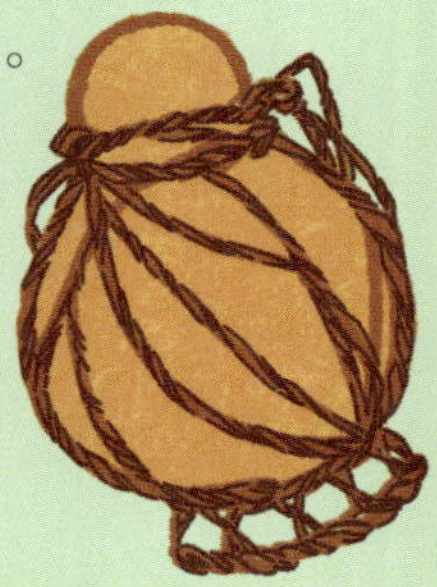

在尼罗河三角洲的沼泽水域，古埃及人还使用陶罐当作水上浮具，陶罐使用的原理与腰舟有异曲同工之妙，可以运载简单的物品。公元前600年左右，在地中海以及孟加拉国地区的河流上也曾有人使用这类浮具。

为树干、竹竿、芦苇等长条形的物体，把它们横向排列，然后用野藤、草绳、皮条捆扎起来。后来，人们又将树干或竹竿扎成长方形框架，在框内缚上其他具有浮力的物体，如皮囊、葫芦、陶器等，以制成不同材料的浮筏。与浮具相比，筏具的浮力增强了，行驶时更平稳和安全；筏面面积扩大，可运载更多货物，人在筏面上可立可坐，再也无须使半身浸在水里，是一种更为有效的水上工具。但是，随着人类的进化并开始冒险到更广阔的水域——河流、海洋，筏具便无法满足人类的需要了。人类需要比木筏更为安全、能装载更多人和货物的水上交通工具，于是，船便出现了。

早期的船——独木舟

世界上最早的船是独木舟，即用一根粗壮的树干挖空做成的船只。迄今为止发现的世界上最古老的船来自我国浙江省杭州市萧山区的跨湖桥遗址。这条独木舟是用整棵马尾松加工而成的，目前发掘出的部分长约560厘米，宽约52厘米，舟体平均厚度在2~3厘米，舟弧收面及底部的上翘面十分光洁。这一发掘与发现，充分证明我国东南沿海是世界上发明、使用独木舟最早的地区之一。

纸莎草船

纸莎草船是古埃及人最早使用的船，也是人类历史上最古老的船只之一。它的发明与古埃及人生活的地理环境、物产特点和生活方式密切相关。这种船的材料来自尼罗河沿岸盛产的一种叫纸莎草的植物。这种植物做成的莎草纸，是古埃及重要的书写材料，而将纸莎草捆扎成筏或船形便可制作成一艘简易的纸莎草船。在古埃及墓室的壁画和浮雕中，经常可以看到这种船头和船尾两端向上翘起的纸莎草船，造型十分醒目。古埃及人也许正是借助这种简单的纸莎草船航行于尼罗河之上，将他们的伟大文明带到更远的地方。但随着古埃及气候逐渐干燥，纸莎草已经不再繁盛，加之木船的出现，纸莎草船也逐渐退出了历史舞台。不过，在今天的苏丹和埃塞俄比亚的部分地区，纸莎草船仍被人们使用。

那么，在人类还没有发明铁器的新石器时代，独木舟的船体是如何被挖空的呢？考古学家们在船内离船头一米处发现一片面积较大的黑焦面，西北侧舷内也有面积较小的黑焦面，由此推断独木舟的制作方式是“火焦法”。所谓火焦法，即先选一根粗大挺直的树干，将树木从中间剖开，去除枝杈部分后，根据舟形确定先后烧烤的位置，其余部分用湿泥保护，然后用火烧烤需要挖除的部位，待其呈焦炭状后，用石锛等工具加工，比较疏松的焦炭层很快被挖除。这样周而复始，不断加工，最后用砺石将舟体打磨完成。

除了独木舟之外，用动物皮做的皮船也是早期人类使用的船只。6000年前，生活在两河流域的苏美尔人可能是最早使用这种由动物皮制成的皮船在河流里航行的人。在苏美尔人有关阿卡德国王萨尔贡的传说中，就提到这位战无不胜的国王一出生时就遭到遗弃，被他的母亲放在灯芯草做的篮子里，用树脂封住篮子的间隙扔到河里漂流。但有学者推测，这个篮子很可能是一种由兽皮和灯芯草制成的小船。用树枝编织后再用兽皮包裹的简陋小船，可能是早期人类征服河流和海洋的主要工具。早期人类利用这种轻便、简单的船只，通过贴近海岸航行、遇到风暴即刻登陆的方法，进行远距离航行，到达更远的岛屿和大陆。

木板船的出现

人类进入青铜器时代后，借助金属器具，对木材的加工能力有了显著提高，可以将原木加工成木板来造船。木板船可以造得比独木舟大，性能比筏好。木板平接或搭接成为船壳，内部用壁板和肋骨以增加强度，可以形成若干个舱室保证浮力。早期的木板船，板和板之间、船板和框架构件之间是用绳索或皮条绑缚起来的，后来用卯榫结构或金属钉连接。板和板之间则用麻布、油灰捻缝，以确保每个舱室的水密性。

桨、篙和橹

舟筏时代的船舶主要靠人力来推进和操纵，所用的工具为桨、篙和橹。桨不受水域深度和广度的限制，曾在地中海区域广泛应用。古罗马的划桨船，由奴隶划桨，一船的桨数多达数十根甚至百余根。篙则可以直接触及水底和河岸，使用轻便，主要用于浅水航道。橹则是一种比桨先进的划船工具，效率高且不占船舶两侧水面，兼具推进和操纵航向的功能，在中国内河的木船上广泛使用。

帆船时代

以桨、篙、橹为推进工具的木板船速度十分有限，且木板船在航行时会遇到一个很棘手的问题，即它的抗风能力较差。当抗风浪能力较强并能借助大自然风力进行远距离航行的木帆船出现后，人类在航海活动中才开始占据主动地位。船上有了帆，大大加快了船前进的速度。船舶推进动力的一次重大飞跃，也是人类最早开发自然风力资源的体现。在木板船上使用风帆，就可以因风致远，使人类的航海范围日益扩大，向大海的更深更远处发展。

早在公元前 4000 年，古埃及就出现了以风为主要动力的帆船。在埃及出土的一件公元前 4000 年的陶器上就绘制有帆船的图像。这只船的前端突出且向上弯曲，船的前部有一个小方帆，但这种船只能顺风行驶，无法利用侧风。公元前 2000 年至公元前 1600 年，地中海周边的腓尼基人、克里特岛人和希腊人先后在地中海使用帆船航行。克里特岛人的帆船两端翘起，单桅悬一方帆，这种船型在地中海应用了几千年。古希腊和古罗马的帆船则备有桨，但只在进出港口和调度时才使用。古希腊帆船干舷高，耐波性好，单桅上挂方帆，船尾两侧有巨大的尾桨，起舵的作用。此外，船首伸出的桅杆上增加一小帆便于操纵。古罗马的帆船又有改进，增设前后三角帆，船的操纵性能得到改善。

中国古代的帆船

关于中国是在什么时候发明的帆船，至今仍有很多争议。有人推测先秦时代甚至早在商代，中国就已经有帆船了。秦朝的时候，秦始皇曾派徐福携带童男童女及工匠数千人乘船出海，当时徐福所乘的船只很可能就是帆船。在三国时期，记载中首次出现了确切的帆船。当时的帆船已经设计有四个风帆，是横向且稍倾斜面对迎风面。这样能够使船即使在逆风的情况下仍然保持高速前行，不会像西方早期的帆船和日本帆船那样降帆。

北欧和西欧帆船

公元 9—11 世纪，北欧的维京人，是当时世界上优秀的航海民族，航迹远达今天的格陵兰和北美。他们用当地出产的橡木造出了适航性能良好的帆船。这种帆船长约 30 米，宽约 6 米，首尾形状接近对称，有龙骨和首尾柱。外壳板搭接并用铁钉相连。船上为单桅，装有支桅索，挂一面方帆，能在横风下行驶。船形瘦削，耐波性优于地中海帆船。

此外，具有 2000 多年历史的中国帆船也是中国独创的一种帆船类型，它的构造与欧洲帆船有一定区别。欧洲帆船两端尖而上翘，中国帆船则两端用木板横向封闭而形成平底的长方形盒子。舵位于尾部中心线上，尾部造成楼形高台，以防止上浪。后来，不断改进的帆船内部还设有多道结构坚固的水密隔舱。中国帆船一直采用横向且有竹竿加固的“硬篷”，这种平衡纵帆操作灵便，能承受来自各个方向的风力。经过历代不断的改良和演变，直至 20 世纪初，中国帆船仍用于贸易载运。

在汉代，我国造船业就已经相当发达，能根据不同的用途和需要建造各种类型的船，包括客船、货船、战船等。客船中又可分官船、民船；

民船中又有舸、艇、扁舟、轻舟、舱舟、舫舟等不同类别。在唐代，当时的帆船已能侧向逆风行驶，有较好的耐波性。贞观年间，从今温州至日本，仅需 6 天；后来仅 3 天时间就能从浙江镇海驶抵日本。至宋代，我国造船和航海事业均有显著进步。当时所造海船能载五六百人，并已使用指南针，航程远及波斯湾和东非沿海地区。1974 年在福建省泉州湾出土了一艘宋代海船残骸，船体瘦削，具有良好的速航性能和耐波性，船内有 12 道水密隔舱，船侧外壳板由 3 层杉木板组成，结构坚固，船全长约 35 米，载重量 200 吨以上。明朝初年，郑和率领当时世界上最大的船队 7 次下西洋，遍历东南亚、印度洋各地，远达非洲东海岸。据记载，郑和所乘“宝船”有 12 帆，是当时世界上首屈一指的帆船。郑和船队的航程之远、船舶技术与航海技术之高、所到国家之多，是当时任何国家都无法相比的。

改变近代历史的三桅帆船

15 世纪时，大西洋沿岸的欧洲国家在帆船设计方面取得了划时代的进展，就是设计了三桅帆船。这种船基本集中了各种船的优点，装有艉柱铰链舵，方帆与三角帆并用，能利用各个方向的风，并把帆分悬在 3 到 4 根桅杆上，操纵更加灵活，主桅及前桅上有 2 至 3 张方帆。帆面积增大，船速就加快，船的体积也可增大。这种三桅帆船的广泛使用，对人类历史产生了巨大的推动，引发了地理大发现和大航海时代的来临，使人类历史由古代走进近现代。

1492 年，哥伦布率领西班牙船队到达西印度群岛。他所乘坐的“圣玛丽亚”号，就是一艘长 28 米、排水量约 200 吨的三桅帆船。一系列地理上的新发现，大大刺激了欧洲航海和造船事业的发展。16 世纪以后，欧洲帆船的排水量逐渐增大到 500~600 吨，帆具日益复杂，三桅船渐趋普遍，帆面不断增大。大桅上增装了顶桅和顶帆，主帆下装了底帆，桅的支索上张了三角帆，船上整个空间都张满了帆，航速得到提高。1800 年前后，英国继葡萄牙、西班牙和荷兰之后成为最大的海上强国。英国及其殖民地拥有海上帆船达 5000 艘。

进入 17 世纪后，随着西方资本主义兴起，随着海外贸易和对外扩张的需要，船舶技术大踏步前进。到了 19 世纪，美国设计师所造的飞剪式帆船，是帆船发展史上的高潮。

车辆、道路与古代帝国

车轮在今天看起来普普通通，并不起眼，但它却是人类历史上最重要的发明之一，其重要性甚至可以与人类使用火相提并论。因为有了车轮，人类摆脱了肩扛背负之苦，进入了轮式车辆的时代。

车轮的出现

在车轮发明以前，早期人类使用“轻橇”类的工具负重搬运东西。这种工具类似于雪橇，将几根长而粗的树枝用藤蔓连接起来，然后将物品放置在上面，双手抓住长树枝拖行。此外，人们也有用一根或数根木棍，将一端扛在肩上，另一端放在地上，把物品吊放在棍子中间拉着前行。不过这些工具在杂草丛生的荒野上前行是很困难的。因此，有人通过观察滚木和圆石滚动速度快这一现象，发明了最早的车轮。这种车轮十分简单，即用石斧将圆木截断，中间开孔，用细木棍连接，用这种车轮来拖运物品就方便多了。但是这种车轮一旦运送重物就很容易被压裂，于是人们就在车轮上套上铜箍或铁箍。公元前3000年左右，生活在两河流域的苏美尔人最早开始使用车轮和带轮的车，而此时文明发达的古埃及人却还在使用滚木托运物品。公元前1600年，来自北方的部落用马拉战车进攻古埃及时，让古埃及人大吃一惊，很快他们也使用了车轮，并用轮辐和轮缘改造了车轮，使车轮变得轻便而又坚固，但当时的车轮主要都是木制的。在中国，相传在黄帝时期就造出了车辆，也有说是夏朝的奚仲发明了车轮，进而发明了车辆。据考古研究，我国的第一辆马车大约出现在4500~3000年前。

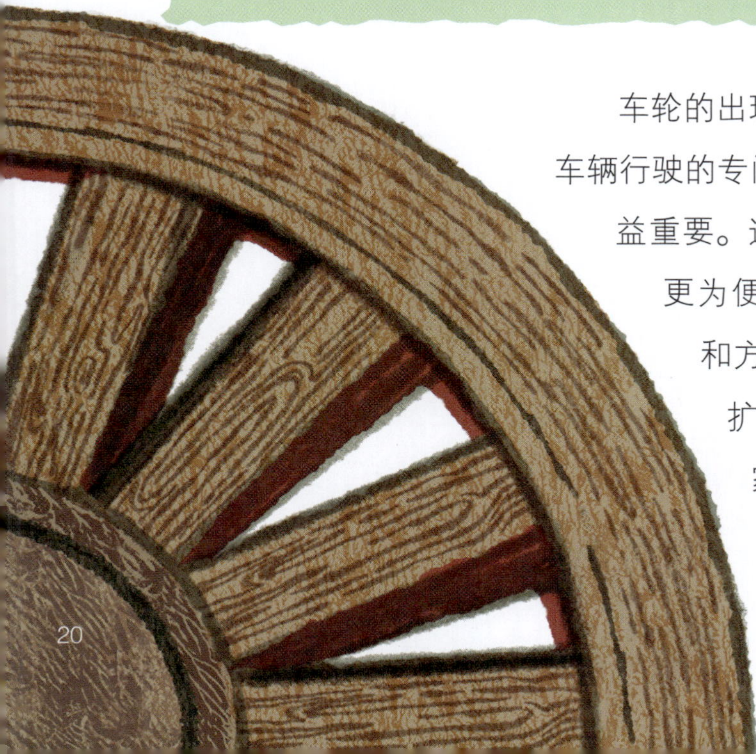

车轮的出现意味着车辆的诞生，也意味着需要更多供车辆行驶的专门道路。车辆与道路的增多，使交通变得日益重要。道路设施的发展使马车等畜力车辆的通行更为便捷，各地联系和信息传递较以往更加频繁和方便，商贸运输活动与文化交流的范围不断扩大。交通逐渐上升为国家的大事，成为国家强盛的基础，使土地面积辽阔的古代帝国得以形成。

秦人好车马

大家都知道秦始皇统一六国，但是否想过秦国为何能统一东方六国，而不是其他诸侯国呢？除了秦朝强盛的军事实力和先进制度，便捷的交通也是秦国获胜的重要保障之一。事实上，秦国在交通建设的许多方面都优越于其他六国。首先，秦人具有很强的迁徙能力，他们很早就习惯了迁徙生活，从东方迁到西边，又从关陇地区东进到关中平原及其东部地区。并且秦人擅长养马，也擅长驾车，秦王的先祖们就有给商汤、商纣王等商朝统治者驾车的经历。西周末年平王东迁时，秦襄公因负责武装护送有功，进而获得受封立国，可以说秦人立国也与交通行为有着关联。

可能正是这些经历，使得秦人格外喜好车马。《诗经·秦风》中记载了秦人唱的歌谣中表明他们有“车马之好”，在秦咸阳宫 1 号宫殿遗址中出土了最早的表现车辆出行场面的壁画。不仅如此，黄河上第一座临时浮桥、第一座常设浮桥，都是秦人修建的。秦人对车马的喜好还体现在车辆制作技术上。春秋时期的秦国都城雍地发掘出一个陶质双辕牛车模型，是迄今所知中国最早的双辕牛车。另外，在陕西省宝鸡市凤翔区战国秦墓中也出土过双辕车模型，这足以说明春秋战国时期秦国首先创制了双辕车。双辕车的牲畜居于两辕之间，较之单辕车两侧的牲畜偏力拽引，更能均衡地发挥力量，且只用一头牲畜，高效地将畜力用于拽引上，节省了畜力。随着秦的强大和攻伐东方六国，双辕车在全国逐渐得到普及和推广，成为我国古代陆路运输的主体车型，对此后 2000 多年的畜力运输有着重要影响。此外，因用途不同，秦国还有运货的“大车”、

坐人的“乘车”、作战用的“轻车”和驿站用的“传车”等，充分体现了秦国在车辆制作和使用上的高超水平。

秦始皇统一中国后，实施“车同轨，书同文”。其中“车同轨”充分体现了秦朝在交通上出现大一统的新局面。从字面上理解，是要求各处车辙相等，各轮间的距离划一。而实际上，也告知了此时的车辆已可畅行全国各处。能够这样地畅行，离不开秦统一后建立的通往全国各地的驰道系统。

秦朝对驰道有统一的标准：路面幅宽为 50 步，约合 70 米，定线的原则是尽量取直；路基要高出两侧地面，以利排水，并要用铁锤把路面夯实，以增加其密实度；路旁每隔 10 米种一株青松，作为行道树；中央 10 米为皇帝专用，两边还开辟了人行旁道；每隔 5 千米建一亭，作为区段的治安管理所。驰道以咸阳为中心，形成了通向全国的交通网络。主要的路线有东方大道（由咸阳出函谷关，沿黄河经山东定陶、临淄至成山角（山东半岛）、西北大道（由咸阳至甘肃临洮）、秦楚大道（由咸阳经陕西武关、河南南阳至湖北江陵）、川陕大道（由四川到咸阳）等。秦国还在驰道上设置固定的驿站，用来传递官府的文书，驿站备有马匹车辆，一站一站地传递文书和邮件，使秦国的政令迅速上传或下达至全国各地。为了防范匈奴，秦始皇还修筑了两条直道，工程极其浩大。因为道路基本直达北部边地，中间少有迂回，故称直道。有了直道，秦朝对北方边陲的指挥和军事调度便利了许多。

秦统一后建立的四通八达且恢宏的道路交通网，构筑起日后中国古代国内交通的基本路线，为“大一统”国家社会经济的发展奠定了交通基础，有力促进了中国多民族大一统国家的形成。

条条大路通罗马

罗马，原本是位于意大利半岛台伯河畔的一个小城邦，从公元前 5 世纪起，罗马不断地对外征战，经过几百年后，发展成为以地中海为中心，跨越欧、亚、非三大洲的大帝国。不断地扩张给罗马带来一个问题，就是如何实现对广大征服地区的有效管理与统治。于是，罗马人一边打仗一边修路，修建了以首都罗马为中心向外延伸的道路网，目的是建立从中央到地方的联系，加强对征服地区的管理和统治。如果出现叛乱，罗马军队能迅速到达出事地点，控制局面。罗马人知道，能够让军队快速前进的最佳保证就是良好的路况。就这样，罗马道路建设紧随罗马军事扩张而延伸。军队走到哪里，道路就修到哪里。

由于罗马起初是向东方和南方扩张，因此罗马主要的大道也最先在这些地方建立。后来伴随罗马军队向南进一步扩展，道路又延伸到南方。在道路网下兴起的城市又变成罗马新扩张的神经中枢，成为罗马政治扩张的另一基础。在公元 1 世纪末 2 世纪初，罗马征服中东地区后，在此修建新的道路，这些道路连接了罗马帝国与其新征服的领土。公元 81 年，为了保护罗马城市不被非洲游牧部落入侵，罗马军团建设了新城拉姆巴埃西斯，并以该城为中心修建新的道路。罗马在日耳曼的道路建设同样也是军事上的需要，特别是当多瑙河沿线的军事地位提高后，这里的道路建设也随之加强。因此，罗马道路建设的根本原因在于军事，罗马的道路是罗马军事扩张的结果，反过来又成为对外扩张的动力。

到了罗马帝国时期，罗马在意大利本土的道路建设也没有停息。同时，随着罗马大规模扩张，罗马道路的建设也随之向扩张地区拓展，直到环绕整个地中海，建立了以罗马为中心的庞大道路网络体系。与共和国时期不同，罗马帝国时期道路建设的重心已经转向新征服地区和意大利之外的行省。直至罗马帝国后期，伴随罗马对外征服极限的到达，罗马道路建设的步伐才逐渐缓慢下来，直至向外延伸的停止。这一时期罗马建设新道路的需求大大降低，建设步伐也放缓，转而加强对已有道路的维护。换句话说，在罗马帝国后期，罗马道路建设的重点已经不是建造新的道路，更多的是体现在对道路的维修和保养上。

除了用于直接的军事扩张，罗马的道路建设还是罗马统治者加强管理、维护统治的工具。这些道路使罗马的政令信息传递更加高效与便利，有利于罗马帝国的统一。如今这些古老的罗马道路成为我们了解罗马当年统治的一张晴雨表。打开罗马的道路交通网络图可以清楚地看到，在整个帝国版图内，越是统治成熟的地方，道路就越宽

广和优良，越是统治牢固的地方，道路就越密集。罗马最主要的优良大道，如阿庇安大道、拉丁纳大道等，都集中在意大利本土。相反，在那些统治成熟程度较差的地区，道路完善程度自然也就略逊一筹。另一方面，从罗马道路分布的疏密程度看，帝国内主要大道最密集的区域也是意大利半岛。特别是以罗马为中心的地区，到公元 4 世纪进入罗马城的道路就有 19 条之多。而从意大利本土出发向四周延伸可以看到，越是远离罗马的地方，道路就越稀少。

总之，对罗马这样一个古代的庞大帝国而言，发达的道路网使众多行省的连接与交往成为可能。这不仅有利于帝国的统治，也便利了人们的日常生活和商业活动，难怪罗马人如此爱修路！

马与超级帝国的诞生

马是一种可以进行长距离奔跑的动物。一旦学会驯化和驾驭马匹，人类就可以有效利用马的奔跑能力，控制一片广大的区域。因此，马在人类社会历史上很早便被驯服，成为人类的交通工具。但是最初驯化的马并非像今天一样，能适应各种地形，和人类的配合也并非顺畅。人类为了更好地利用马的力量，发明了各种骑马的挽具，如缰绳、马鞍等。这当中，最重要的可能莫过于给马装的铁掌（即马蹄铁）和马镫了，这两样东西几乎改变了人类的历史，甚至可以说成就了人类历史上几个大的帝国。

在欧亚大陆的腹地，马匹则显得尤为重要，因为那里有横跨近 8000 千米的广阔草原，没有什么高山。如果驾驭着马匹按照每天 200 千米的速度连续疾驰，40 天就可以穿越整片草原。马匹成为欧亚草原上游牧民族的主要伙伴，也是他们的财富和对外征战的武器。特别是马镫和适合马上使用的强力短弓发明出来后，与从小就在马背上长大的游牧民族结合，诞生了足以影响欧亚大陆的骑兵军团。历史上，游牧民族多次组织这样的骑兵军团统一或控制草原地区，不断扰袭草原边缘的农耕社会，甚至征服。历史上，就先后出现过匈奴、鲜卑、突厥、契丹等游牧民族借助自己的骑兵军团，建立政权对外征战，开疆拓土，而这些军团中最具有战斗力的，莫过于成吉思汗带领的蒙古骑兵军团。

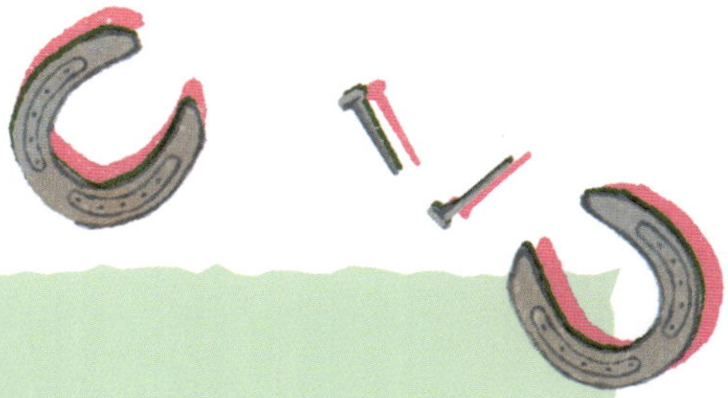

铁掌与罗马帝国的征服

公元 61 年，正值罗马帝国扩张时期。为了征服大不列颠（现代英国的一部分），罗马人不得不与当地的凯尔特人部落作战。罗马的中心地区如何与远征英国的罗马军队之间传达消息成为一个问题，这时马就派上了用场。那时通信骑兵对罗马军队至关重要，因此也成为敌人——凯尔特人的重点攻击对象。但是骑马本身也会对马造成损伤，因为当时并没有像现代社会这样良好的路况。崎岖、坎坷不平的道路，使骑手随时面临马匹受伤瘸腿的窘境。一旦长途跋涉造成马蹄损伤，对罗马的通信骑兵来说非常棘手。然而一次偶然的机会，罗马骑兵发现凯尔特人铁匠会在马蹄上安装铁掌来防止马腿受伤。因此在征服英国后，罗马人借鉴了凯尔特人给马蹄安上铁掌的方法。他们不仅把这项技术用在马身上，还用在骡子身上。铁制马掌使马、骡这些动物能适应崎岖不平、岩石遍布的道路，具有了更强的适应性，因此这项发明具有至关重要的历史意义。罗马帝国因此得以在世界范围内进一步扩张，传播他们的知识、法律与生活方式。同时，也将更多的财富带回罗马。在西方，人们认为罗马的马和道路还催生了全球第一个邮递服务，有传闻称罗马的通信骑兵接力队能以极快的速度传达消息，24 小时内行进 804 千米，这对古人而言是一段很长的距离。骑马一天能行进的路程，走路可能需要几天。因此马的优点得以凸显，通信变得更加快捷，成为罗马重要的战略资源和扩张的利器。

成吉思汗和他的子孙们通过不断地征战，缔造了元朝空前绝后的宏大版图。这个帝国横跨欧亚大陆，被认为是世界历史上领土面积最大的帝国。但实际蒙古大军的数量并不多，这支席卷欧亚的军队其实不到 20 万人。那么蒙古大军是凭借什么力量得以纵横草原呢？除了成吉思汗用十进制方法创立的千户制骑兵军团以及严格的军规和法律外，恐怕这股力量就是成吉思汗利用蒙古草原上饲养的 60 万匹蒙古马，组织起近 20 万人的骑兵军团，通过不断征战建立起横跨欧亚大陆的超级帝国。

作为长期生活在北方草原的游牧民族，蒙古人在马匹资源上拥有得天独厚的条件。蒙古人有养马、用马的传统，马是蒙古人生活的一部分。他们世代与马为伴，在草原上牧马、驯马，食用马奶和马肉，穿着用马的皮毛制成的衣服，与马群一起迁徙，在马背上练就骑射本领……蒙古人的衣食住行都与马分不开。同时，马背上自由的迁徙生活方式，孕育了蒙古人勇猛好战的民族性格。但这些与其他生活在草原上的游牧民族大多一致。回顾历史可以发现，机动性强和远征作战时需要的耐力才是蒙古骑兵得以横扫沙场、取得胜利的关键。这些蒙古人独有的优势因素很大程度来源于他们的战马和使用马匹的技术。

蒙古骑兵远征作战使用的战马主要是蒙古马。与欧洲的高头大马相比，蒙古马体形偏小，力量也不够。但蒙古马耐力好，适应能力极强。经过训练的蒙古马无论是在亚洲高寒荒漠，还是在欧洲平原，都能适应当地的环境，且能承受长途跋涉。在掌握了正确的驭马技巧和骑兵作战方法后，再配上射程达 200 米以上的短弓，蒙古骑兵所到之处战无不胜。蒙古军队横跨欧亚，西征至欧洲多瑙河流域，骑乘的都是蒙古马。没有一种马作为交通工具，在历史上创造了如此辉煌的业绩。

当然，蒙古军团在马匹的使用上也有着自己的独到之处。蒙古骑兵出战时，会携带多匹战马轮流骑换，少则两三匹，多则六七匹。这种轮换战马的方式，可以保证蒙古骑兵进行连续且高效的远距离迁徙，同时避免战马过于劳累。远征途中，马除了可以为蒙古骑兵提供便利的后勤运输之外，自身还是一座移动的后勤基地和随军粮仓。例如，蒙古骑兵会带上那些刚刚生产的母马，用马奶作为远征途中的水源，如果遇到紧急情况，他们也会取适量的马血充饥。此外，蒙古骑兵自身骑术高超，他们可以策马奔驰数日不进食，甚至可以在马上睡觉。对马的灵活使用是蒙古骑兵机动性强、作战持续性强的重要原因。

与农耕地区的人相比，驯服马、跨上马背的蒙古人率先实现了高度与速度的飞跃，为帝国武力征服其他部落和不断扩张提供了强大力量。正是蒙古马驮起了这个历史上的伟大帝国。今天，马更多地已经成为一种文化上的重要符号。但是不要忘了，马最初是以速度在历史上大放异彩的。

马路的由来

提到“马路”一词，我们再熟悉不过了，今天我们所说的马路指的是供人和车辆行走的宽阔平整的道路、公路，多用沥青铺设而成。可是我们城市里的道路为什么叫马路呢？

在中国，马路有其特定的历史渊源。在中国古代，人们最早和最喜爱且使用最多、最广泛的交通运输工具是马和马车，所修道路也主要是供人骑在马背上行走以及马拉车通行或驮运、运输货物所走的道路，因此人们就将道路取名为马路。早在战国时期，《左传》中对“马路”一词有记载：“褚师子申遇公于马路之衢，遂从。”后来，人们为了让更多的马及马车通行，马路就越修越宽。在元代，城内的主干道能够并驰10匹马，京城的主干道可并驰20匹。明清时期基本沿用了下来，马路多指城内的主干道或直穿城门的大道。虽然我国古代对道路在不同时期有不同的称谓，如秦朝称“驰道”，元朝称“大道”，清朝称“官道”，汽车出现后称“公路”，但马路这一称呼一直沿用至今。

人类历史上的古老道路

在人类历史上，道路从来不仅用于交通和贸易。在漫长的历史变迁中，古代形成的道路往往承载着人类的艰辛、商贾的兴衰、文化的底蕴，连接着道路这端和另一端的文明。同时，在道路周边还散落着许许多多有形的遗存，如寺庙、岩画、关隘、民居，以及无形的文化遗产，如民俗、轶事、传统饮食等。这些古老的道路作为人类历史的见证，成为今天人类的线性文化遗产。

丝绸之路——贸易大通道

丝绸之路是一条连接东西方的陆路通道。很早以前，它东起黄河流域，中经蒙古草原、阿尔泰山，沿天山北麓，向西直插中亚、南俄地区。伴随着历史的变迁，这条通道的商路性质日渐增强，中国的丝绸等物品越来越多地沿着这条商路西运。但这条道路在古时并不叫丝绸之路，这个称呼是一位外国学者的发明。1877 年，德国地质地理学家李希霍芬在其著作中，把“从公元前 114 年到公元 127 年间，中国与中亚、中国与印度间以丝绸贸易为媒介的这条西域交通道路命名为丝绸之路。这一名词很快被大众所接受，正式用于称呼古代起始于中国，连接亚洲、欧洲和非洲的商业贸易路线，并从运输方式上分为陆上和海上丝绸之路。

陆上丝绸之路的正式形成也许是个历史的偶然。西汉时期，为联络地处西域的大月氏人，共同夹击匈奴，公元前 138 年汉武帝选派张骞出使西域。张骞不辱使命，历尽艰辛，找到了大月氏。由于大月氏不再想和匈奴作战，因此张骞此行虽未达到目的，但他由此打通了河西走廊这一通道，同西域诸邦国建立了广泛的联系，促使陆上丝绸之路正式开通。历史上将这次出使称为“凿空”，意思就是开通大道。在第二次出使西域时，张骞还派遣了副使，访问了之前未到过的更远的国家，一直抵达当时的安息（即古波斯，今伊朗）。一条横跨欧亚大陆的通道——丝绸之路从此诞生。西汉时期，丝绸之路以首都长安（今西安）为起点，经甘肃、新疆，到中亚、西亚，并连接地中海各国。此时，正值罗马强盛时期，罗马人在征服叙利亚后，通过安息帝国、贵霜帝国和阿克苏姆帝国，获得了从丝绸之路运来的中国丝绸。由于罗马人对丝绸非常喜爱，这使得丝绸之路上的贸易不断扩大。但到西汉末年，战争频繁，民生凋敝，丝绸之路再度被匈奴控制，一度断绝。

东汉时期，班超奉命从洛阳出发，再次出使西域。班超凭借自己的勇敢与智慧，克服了重重困难，再次使西域各国与汉朝建立起联系，使丝绸之路重新繁荣起来。班超得到了西域各国的信任，长期留守西域长达 30 多年。班超还派遣他的随从甘英出使大秦（古代中国对罗马帝国及近东地区的称呼）。甘英到达波斯湾，最终因大海阻隔、安息国阻挠等未能成功，但此行开辟了通往西亚的路线。这个时期，印度僧人也沿着丝绸之路到达洛阳，将佛教传入中国，从另一个角度拓展了丝绸之路。在唐代，僧人玄奘沿着丝绸之路到印度求取佛经，从出发到返回长安，前后历时 17 年，还写下了《大唐西域记》一书，促进了中华文明与印度文明的交流。陆上丝绸之路东起长安和洛阳两座古都，西至欧洲，横贯欧亚大陆。这条古老的商路，穿越无数河流、雪岭和大漠，成为古代世界各民族文化交流的大动脉，也成为中外文化交流的主要历史舞台。

与陆上丝绸之路不同，海上丝绸之路是古代中国与外国交通贸易和文化交往的海上通道，是已知的最为古老的海上航线。海上丝绸之路初始形成于秦汉时期，不过秦汉时期航海技术还处于不成熟的阶段，海上丝绸之路大都紧靠着海岸线，其航路大致是从我国山东半岛越渤海，再沿辽东半岛至百济（今朝鲜半岛西南），至对马岛到松浦，最终到达难波（今日本大阪南部）等地。我国的丝织品以及养蚕、缫丝、织绸等生产技术和先进工艺，通过海上丝绸之路传播到朝鲜半岛和日本等地。

海上丝绸之路的繁荣主要在唐朝以后。在唐朝，伴随着中国造船、航海技术的发展，中国通往东南亚、马六甲海峡、印度洋、红海及至非洲大陆的航路纷纷开通与延伸，这条航线成为当时世界上最长的远洋航线。在唐朝中期以前，中国对外通道主要为陆上丝绸之路，之后由于战乱及经济重心转移等原因，海上丝绸之路替代了陆上丝绸之路，成为中外贸易交往的主要通道。当时从这条通道往外输出的商品主要有丝绸、瓷器、茶叶和铜铁器等，往回输入的主要是香料、花草等一些供宫廷赏玩的奇珍异宝。这种状况一直延续到宋元时期。宋朝由于在经济上采用重商主义政策，鼓励海外贸易，同中国贸易的国家和地区已扩大到亚、非、欧各大洲。此时的海上丝绸之路发展进入鼎盛阶段。到明朝，郑和远航的成功标志着海上丝绸之路发展到极盛时期。

海上丝绸之路主要分为三大航线：一是东洋航线，由中国沿海港口至朝鲜、韩国和日本的航线；二是南洋航线，由中国沿海港口至东南亚诸国的航线；三是西洋航线，由中国沿海港口至南亚、西亚和东非沿海诸国的航线。海上丝绸之路与陆上丝绸之路，共同构成一个覆盖欧亚非三大洲的交通网络。中国的丝织品、纸张、茶叶、麝香，中国和俄罗斯的兽皮、人参、鹿茸、鱼胶，西亚和地中海东岸的金银器、玻璃制品、乳香、药品、绒毯，印度和东南亚的胡椒、香木、宝石、珊瑚、象牙、犀角、鳖甲，中亚的玉石，瓦罕走廊的天青石，以及许多地方均有出产的毛织物、珍珠、饰品、葡萄酒、蜂蜜、大黄等，作为交易对象频繁流动在这个庞大的网络之中。

由此可见，海上丝绸之路并非只有单一的丝绸贸易。它是以丝绸贸易为象征，在中国古代曾长期存在的海上对外经济贸易关系，是人类社会进入文明社会后国家与国家（包括国家的某一地区对另一国家某地区）商业贸易和政治、文化交流的海上通道。

此外，海上丝绸之路也是一个多维的系统，除了是经济贸易通道之外，它也代表着精神和文化的传播与交流，即这条通道并不是单纯地传播蚕桑、丝绸等生产技术的丝绸之路，也是传播文化艺术、生产技术等的“海上文化之路”“海上陶瓷之路”“海上茶叶之路”……

两千年来，丝绸之路始终影响着人类文明的进程。不同种族、不同信仰、不同文化背景的帝王、军队、商人、学者、僧侣、奴隶，往来在这条道路上，创造并传递着财富、智慧、艺术、战争，甚至是疾病，包罗万象。

乳香之路

乳香是一种由橄榄科植物乳香木产出的、含有挥发油的香味树脂，风干后呈黄色，气味清香。由于乳香具有独特的香味，因此焚乳香成为北非、中东以及欧洲地区的必备仪式。在古代，乳香也常常被用作熏香和医疗药物，深受埃及、罗马及其他地区人们的喜爱。埃及、罗马的神庙中常年散发着乳香的气味，香烟缭绕带来一种神秘的气氛。由于乳香树主要生长在今西亚、北非地区的一些悬崖和巨石上，当地气候极度干燥，周围几乎没有人居住。若要采集乳香树脂，需要经验丰富的农户翻山越岭，住在沿途的洞穴里，耗时数月才能完成采集，其难度之高可想而知。因此，在古代乳香是极为珍贵和奢侈的香料，曾一度价比黄金。围绕乳香的贸易也逐渐形成了一条古老的贸易通道，而这条通道的源头就在乳香的主产地阿曼。阿曼是阿拉伯半岛最古老的国家之一，其历史文化可以上溯数千年，也是乳香这种芳香树胶的古老产地。阿曼位于阿拉伯半岛东南部，地处波斯湾通往印度洋的要道，有 1700 千米漫长的海岸线，早在公元前 2000 年已广泛开展海上和陆上的贸易活动。得天独厚的地理位置和发达的交通条件，使阿曼成为历史上著名的乳香贸易中心。

阿曼的乳香历史可以追溯到几千年前的“古香路时代”。在阿拉伯地区，至少在公元前 2000 年就使用了乳香，“乳香之路”在公元前 7 世纪（大约中国的春秋时期）达到鼎盛时期，持续繁荣到公元 2 世纪（大约中国的三国时期）。当时乳香的运输由阿曼南部出发，经也门，沿着阿拉伯半岛西侧北上，直到耶路撒冷，再分送到罗马帝国、波斯，到东方的印度甚至中国。这条道路全长 3000 多千米，大部分是浩瀚无垠的沙漠，充满了不可预知的危险。在这繁杂的商业运输中，由于有驯养的骆驼，才使运输工作得以顺利进行。人们用骆驼将这些珍贵的树脂从它们所生长的偏僻小山谷运到各地市场，供国王和贵族们使用。有时有多达 6000 峰骆驼的商队，浩浩荡荡地在沙漠中前行，往返于出产、萃取乳香的地区和其他城市。商队在途中还要面对不同部落的搜刮，商人们经常要给这些部落近四成的佣金，才可以通过此地。很多部落都因为乳香而变得富有繁荣。乳香之路除了陆路之外，人们还开辟了海上航线，即从阿拉伯半岛南端也门出发，沿红海北上到埃及和其他地区。

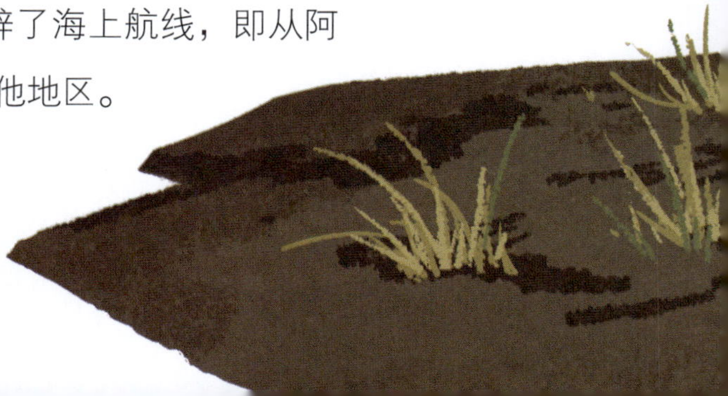

这种商业运输活动一直延续了 2400 年之久。但随着时间的推移，乳香之路逐渐走向衰败，主要有两个原因：第一个是气候。公元 6 世纪，阿拉伯半岛开始出现大规模的沙漠化现象，沙漠中的绿洲逐渐消失，变成无人地带，以至于骆驼商队无法通过，再加上途中经常遭遇土匪抢劫，陆路交通越来越困难。第二个原因是罗马帝国和波斯帝国的兴起。公元前 1 世纪起，罗马人探得了阿拉伯海、印度洋季风的秘密，打破也门人独霸红海贸易通道的格局，也门的海上贸易走向衰落。当波斯兴起时，也门变成波斯的一个行省，波斯人把商道从阿拉伯半岛西部转移到波斯湾和两河流域，使也门又失去了陆路国际贸易的利益。如今，这条传统的乳香之路彻底没有了往日的喧嚣，只有在阿曼境内发现的考古遗址群见证着当时乳香生产和贸易的繁荣兴盛。

食盐之路

食盐作为人类生活不可缺少的物资，是人类最早进行交换的商品之一，因此人类历史上留下了不少围绕食盐贸易的“食盐之路”。这样的食盐之路遍布全球，在我国唐朝时期就有吐蕃与西域、中亚进行食盐交易的食盐之路。在古罗马时期也有一条从萨宾到罗马的道路被称为盐路。在这些食盐之路中，最著名的应该是从北非摩洛哥出发，穿越撒哈拉沙漠到廷巴克图的盐路。

位于非洲大陆北部的撒哈拉沙漠，是世界上阳光最多的地方，也是世界上最大和自然条件最为严酷的沙漠。它东西长达 5600 千米，南北宽约 1600 千米，总面积 900 多万平方千米，约占非洲总面积的 32%，几乎可以把整个美国装进去，是世界上最大的沙漠。但撒哈拉沙漠并不是一直都很荒凉，几千万年前曾是汪洋大海，后来演变为内陆盆地并干涸，留下了积累数万年盐分的盐湖。在非洲人眼里，这些盐简直像金子一样宝贵，因为食盐对人和牲畜都不可或缺，特别是在非洲的炎热气候下，补充盐分尤其重要。而撒哈拉沙漠以南地区，虽然土地肥沃，还盛产黄金、象牙，但食盐却是稀缺物资，因此孕育了重要的商机。公元 8 世纪起，从撒哈拉沙漠北部的产盐区比尔马到撒哈拉沙漠南部地区形成了一条重要的食盐贸易通道——食盐之路。直到 20 世纪初，都还有盐商每年带着上万头驼队穿越撒哈拉沙漠，进行食盐交易。这条盐路不仅为生活在非洲土地上的人们带来不可或缺的食盐，也传播着财富与文明，成为影响非洲历史和文明的重要之路。

印加古道

印加帝国是公元 11—16 世纪美洲的一个古老帝国，中心区域位于南美洲的安第斯山脉上，其版图大约是今南美洲的秘鲁、厄瓜多尔、哥伦比亚、玻利维亚、智利、阿根廷一带，帝国的政治、军事和文化中心位于今秘鲁的库斯科。印加帝国的主体民族印加人，为印第安人中克丘亚人的一支，是印加文明的缔造者。印加文明与玛雅文明、阿兹特克文明并称为“印第安三大古老文明”，其范围覆盖了南美绝大部分地区。出乎意料的是，印加文明并没有文字、铁器和车轮，但这并没有阻碍印加帝国的扩张和战争。1438 年—1532 年，印加帝国以库斯科城边的萨克萨瓦曼圆形古堡为起点，沿着安第斯山脉修建山路，作为统治者传达政令以及生产、生活和经贸往来的交通动脉，也就是今天的印加古道。这条古道全长约3万千米，途经今天秘鲁、哥伦比亚、厄瓜多尔、智利、阿根廷和玻利维亚 6 个南美国家，其中 7000 千米路段保存有大量的古迹、遗址，特别是建于公元 1500 年的马丘比丘古城身兼世界文化与自然双重遗产和世界新七大奇迹。

运河的历史

运河，是指人工开凿的用于航运、排水、灌溉的水道。据研究，人类建造的最早的运河是用于灌溉，它的诞生与农业相伴。在中国，用于灌溉的运河早在距今8000多年前的浙江余姚河姆渡和杭州萧山跨湖桥遗址中就已发现。后来用于航运的运河开始出现，这种运河通常与自然河流、湖泊、海洋或其他运河相连通，以沟通相关的区域。我们今天所说的运河通常是指用于航运的运河。

开凿运河需要耗费巨大的人力和物力资源，无论是在古代社会，还是在今天的现代社会，运河都属于大规模的基础设施建设，堪称人类历史悠久的基建工程。在我国历史上，有记载的最早开凿的运河是春秋时期的胥河。从胥河到秦朝修建的灵渠和隋朝全面贯通的世界最长运河——京杭大运河，再到现代工业文明时代修建的基尔运河、苏伊士运河和巴拿马运河，还有正在谋划未来的克拉地峡运河等，运河的建设遍布中外，贯穿古今，陪伴着人类文明的演化和成长。

中国的著名运河

在不同的历史时期，运河承载的功能和使命并不相同，哪怕是同一条运河。随着历史的发展，运河的作用也在不断变化之中。最初为灌溉而生的运河，很快转型为用于运输军队或军粮，解决战争补给和配送问题。服务于秦朝南征的灵渠就是其中的典型代表。

灵　渠

秦始皇统一六国后，为开拓岭南地区，于公元前221年南征百越。但此次秦军的进攻并非势如破竹，打了三年也没有打下百越。一方面是秦军遭到了当地人的顽强抵抗，

另一方面是秦军翻越群山环绕的岭南地区，转运粮草十分困难。公元前 219 年，秦始皇下令，在湘江与漓江之间修建一条人工运河用于运载粮草。公元前 214 年，灵渠最终凿成通航。灵渠的凿通，贯通了湘江、漓江，打通了南北水上通道，为秦统一岭南地区提供了重要的保障。在通航的当年，大批粮草经水路运往岭南，有了充足的物资供应，秦军迅速攻克岭南地区，设立桂林、象郡、南海三郡，将岭南地区正式纳入秦王朝的版图。

灵渠连接了我国长江和珠江两大水系，将华中和华南构成一个整体的水运网，对巩固国家统一，加强南北政治、经济、文化的交流，密切各族人民的往来，都起到了积极作用。直至铁路出现后，灵渠才不再发挥运输职能，但经历代修整，至今依然在灌溉方面发挥着重要作用。

京杭大运河

在国家疆域扩大，生产力水平不高的情况下，如果全凭人畜役力运输，大宗物资特别是粮食的运送就会成为沉重的负担。在这种情况下，水路运输是效率最高的运送方式，是古代最舒适、省力和经济的一种办法，这就需要修造运河。在古代中国，利用水道调运粮食是一种专业运输，被称为漕运，这是我国历史上一项重要的经济制度。最能说明这一点的，莫过于我国著名的京杭大运河。

京杭大运河是世界上里程最长、工程量最大的运河，迄今已有 2500 多年的历史。它是中国古代劳动人民智慧的结晶，与万里长城一起被视为中国古代最重要的两大工程奇迹。它在中国历史上起着重要作用，具有极高的历史价值、文化价值，对中国历史发展有着相当大的贡献。

京杭大运河的历史最早可溯源至春秋时期吴王夫差开凿的邗沟。当时吴王夫差听说齐国内乱，想借机北上攻打齐国，争夺中原霸主地位。公元前 486 年，吴王夫差在邗城（今江苏扬州附近）筑城，并调集人力开挖从扬州向东北，经高邮湖、射阳湖等湖泊到淮安入淮河的运河，因途经邗城，故这条运河得名邗沟。邗沟修建的最初目的是确保军粮草料可以顺利补给给前线战士。它全长约 170 千米，成为京杭大运河最早修建的一段，从此揭开了京杭大运河长达 2500 多年的建设历史。战国时期，当时的诸侯国为了军事的需要，大沟、鸿沟等运河相继开凿，从而将淮、河、济、江四大水系连接到一起，方便军备运输的同时，也为当地的农业灌溉提供了保障。秦汉至魏晋南北朝时期，一些地方性运河也相继开凿，对后来隋唐大运河的开通起了积极作用。

公元 581 年，隋朝结束了南北朝时期以来长期分裂割据的局面，统一了全国。随着疆域的扩大，政治的稳定以及南北经济文化的发展与交流，统治者开始了南北运河的开凿工程。公元 584 年，隋文帝命人在汉代的漕渠基础上凿渠，引渭水从都城大兴城到潼关，长 150 余千米，并改称漕渠为广通渠。隋炀帝即位后，更加注重运河修建。他动用百万民众，疏浚之前众多王朝开凿留下的河道，兴建了

三段运河用于连接南北地区。一是通济渠，在原有鸿沟的基础上修建，将黄河与长江水系连通；二是永济渠，利用三国时期曹操开辟的海河流域的运河，将其延伸，使黄河水系与海河水系连通；三是江南河，将长江水系与钱塘江水系相连接。隋朝的大运河开凿完工后，加上疏浚的邗沟，一条贯通南北的运河开始形成，它南起余杭，中经江都、洛阳，北到涿郡，南北连在一起，成为推动经济发展的大动脉。隋之后的唐朝继承了隋朝运河的成果，并对大运河进行了艰苦不懈地疏浚、修整和开凿，使运河的漕运事业走向兴旺发达，维系了唐朝近 300 年的国家统一和繁荣。

当元朝再次统一全国后，又开始了大运河建设的一次新高潮。元朝的建立使中国古代的政治中心由中原地区北移至今北京地区，原来以隋唐大运河为主线的航道曲折多变，不利于都城大都（今北京）与江南的直接联系。为将江南地区丰富的物产输送至北京，元世祖忽必烈敕令开凿了济州河、会通河和通惠河三条运河，其中会通河的开凿将过去的南北大运河裁弯取直，使运河基本呈现出南北走势，可以直接沟通北京与江南地区。这样，当从杭州到大都的运河全线完工时，现代意义上的京杭大运河就形成了。此外，值得一提的是，此时京杭大运河全长 1790 多千米，相比之前运河航程缩短了 900 多千米。明清时期以元朝大运河为主线，稍作修整，对大运河不断进行整治修葺，完善漕运管理制度并增设漕运机构。这一时期各种漕运、商运、货运极为繁忙，游船如织，运河通航状况始终保持着良好状态，京杭大运河迎来了航运史上的鼎盛时期。直到清末的 600 多年间，国家政治经济都依赖于这条南北交通大动脉。

19 世纪以后，随着海路运输和火车的出现，大运河这种运输方式逐渐成为历史，京杭大运河不可避免地走向了衰败，但是京杭大运河在我国历史上的地位仍不可撼动。京杭大运河依靠沿途湖泊河流连通了海河、黄河、淮河、长江、钱塘江五大水系，使沿岸经济得到快速发展。大运河的修建，将南北城市连接，加强了南北经济交流，加速了船舶商贸的发展，提高了当时的综合经济水平。同时，大运河在历史上作为南北文化和城市之间的纽带，也促进了文化交流。今天的大运河仍然没有退出历史舞台，它肩负着我国南水北调的重任。大运河承载着中国的历史文明，在政治、经济、文化各方面都有着不可磨灭的作用。2014 年，京杭大运河作为世界文化遗产被列入《世界遗产名录》，这也充分展现出京杭大运河内在的航运历史与文化价值。

世界上的运河

进入近代工业文明后，运河的经济功能得到进一步的强化，只不过运输的不再是农产品，而是工业原料或工业品，特别是在铁路还没有出现之前，运河成为运送重型物资的唯一选择。

在18世纪的英国，随着经济的发展和人口的增加，煤作为燃料被大量运用，人们越发认识到用马车运煤这种大宗而笨重的商品的不足，特别是在当时道路状况普遍不佳的情况下，用马拉驳船借助河流运输燃料和货物比单纯用马车运输要快得多，也便宜得多。为了方便运煤，英国开始修建专门运煤的运河。1761年，连接沃尔斯利煤矿至曼彻斯特的沃尔斯利运河修建成功。这是英国第一条完全人工的运河，它从深入到煤矿矿床深处的地下道开始，由一条很高的水管桥越过河流而到达曼彻斯特。同时，还有各种水渠和各种地下水道与之连接，被当时的人们视为世界奇观。沃尔斯利运河一经建成，就展示出巨大的功效，运输变得更便捷了。煤的运输价格在曼彻斯特下降了一半，甚至更低，这一切充分表明了运河的巨大经济效益。

接着，英国就修建了许多条运河用来运输物资，构成了庞大的运河体系，总长度达到6400多千米，使近代英国迎来了运河的黄金时代。煤是当时运河上的最大宗货物，运河对煤价的降低做出了贡献，以至于英国近代运河业的奠基人布里奇沃特公爵有句名言："一条好运河应该是脚跟沾着煤的运河。"除了运煤，各工业区通过运河把它们所需的产自外地的原材料运进，再把它们的大部分制成品运抵远方市场，如供建筑、铺地和筑路用的石块、砖瓦和木料，建筑师和农场主所需的石灰石、家禽、谷物等以及其他各种用途的重材料，所有这些物资都沿着运河水道而来。

有了便捷的交通，运河周围出现了商旅云集、货运频繁的盛况。由此，运河对于城市发展、工业扩展有不可低估的作用。中部的山区以及英格兰北部等交通闭塞地区得到开发，曼彻斯特、利物浦、伯明翰、格拉斯哥等地区经济的繁荣都与便利的运河运输不无关系。运河的兴建缓解了经济进一步发展遇到的交通瓶颈，通过联结公路及江河，构建起一张覆盖全国的运输网络，便利人员流动、活跃地区经济。此时，英国

的工业不再受天然河溪分布的限制，工业品及原材料可以被运往任何有需求的地区。运河由此成为“英国工业革命的生命线”，促进了英国工业革命的产生与发展，直至铁路产生后被其取代。

工业革命后，借助于机器的大量使用，人类修建运河的能力超越了以往，修建工程量庞大和难度高的运河也成为可能。同时，随着工业经济和全球化的发展，人们需要运输的距离越来越远，运河连通的不再是地区、国家内的不同区域，而是世界范围内的海与海、洋与洋之间，如基尔运河将波罗的海与北海（大西洋）连通、苏伊士运河将地中海（大西洋）与红海（印度洋）连通，巴拿马运河将大西洋与太平洋连通。这些运河的存在使古老的运输方式直至今天仍然发挥着重要的作用。

一波三折的巴拿马运河

1502年，哥伦布在第四次前往美洲的航行中，从印第安人口中得知有一个隔开两大洋的地峡。当他到达那里时，发现岸边到处是蝴蝶，于是就用印第安语命名为巴拿马，即“蝴蝶之国”。但哥伦布本人并没有跨越这个地峡。1513年，殖民者巴尔博亚率队第一次穿越了巴拿马地峡。当他攀越到山顶，望见一望无际的太平洋时，很快就意识到地峡的重要性。这个美洲中部的狭长地带，犹如西半球的“蜂腰”，将成为大西洋和太平洋之间最为重要的通道。从此，打通两大洋的跨洋运河就成为巴拿马人和欧美殖民者的梦想。

17世纪，西班牙殖民者为巴拿马运河的开建做了大量的勘测工作，但直到1879年，巴拿马运河的设想才开始真正实现。1880年1月1日，巴拿马运河工程正式开始。起初，法国人还以为巴拿马运河会像之前修建的苏伊士运河一样容易修建，但巴拿马地峡独特的地理自然条件给了法国人迎头一击。这里的山峦坚硬无比，土地异常潮湿，加之暴雨成灾、山崩不断以及瘟疫和管理不善，工程进行了将近10年，只挖了计划中1/4的长度。在付出了20亿法郎的代价后，运河的修建不得不惨痛停工。

1902年，美国向哥伦比亚政府提出开凿运河和永久租借运河两岸各4.82千米土地的要求，但遭到了哥伦比亚的拒绝。1904年，美国人再次启动巴拿马运河的修建。借助炸药、蒸汽铲等工具，巴拿马运河终于修建成功。1914年8月15日，随着万吨级蒸汽货轮“埃朗贡”号首次通过运河，一个新的“世界工程奇迹”终于画上了圆满的句号。

巴拿马运河全长81.3千米，最宽处达300多米，最窄处百余米。它的开放通航使美洲东西海岸的航程缩短了7000至8000海里，亚洲到欧洲之间的航程缩短4000至5000海里，大大促进了世界贸易的发展，具有重要的经济与战略意义。随后的半个多世纪，巴拿马人民为了收回运河区主权，与美国进行了不屈不挠的斗争。直到1979年，根据新的条约，巴拿马开始逐步收回运河的控制权。1999年12月，巴拿马运河完全回到了巴拿马的怀抱。

推动人类历史进程的航海技术

广袤无边的大海，占据了将近 3/4 的地球表面。自古以来，它就是人类的重要交通通道。但在古代，对于缺乏现代地理知识的人类来说，征服海洋并不是一件容易的事情，大海甚至是神秘而又可怕的，让人难以逾越。只有人类不断积累和学习地理知识，改进造船和航海技术，才逐渐征服远洋，给自己带来不一样的历史。在这一过程中，光有船只是远远不够的，因为茫茫大洋中，再大的船只也只是沧海一粟，要想顺利到达目的地，导航、辨别方向等航海技术至关重要。没有航海技术的发展，人类不可能一步步跨越海洋，将世界联系在一起。

远古的航海技术

在过去，人们把公元前 3000 年左右腓尼基人或古埃及人在地中海的航运活动看作人类航海史的第一页，但是随着近几十年来史前考古的大量新发现，这种传统的看法已不符合人类的历史事实。人类最早跨越茫茫大海的历史，比人们想象的要早得多。

打开地图，可以看到欧洲和非洲在陆路上并不直接相通，中间横亘着地中海。地中海东西长约 4000 千米，南北最宽约 1800 千米，西面经直布罗陀海峡与大西洋相通，东北面经达达尼尔海峡、博斯普鲁斯海峡与黑海相连。考古学家们认为，当时的古人类极有可能借助了航海的方式，从非洲西北部越过直布罗陀海峡到达欧洲的伊比利亚半岛，进而走向欧洲大陆的深处。

不过严格来说，渡过直布罗陀海峡算不上是真正意义上的航海，也很可能不是人

类最早的渡水尝试。那么人类真正意义上的第一次航海发生在哪里呢？答案是在澳大利亚地区，人类最早到达这一地区的过程被公认为人类最早的航海活动。因为澳大利亚是南半球东部的一个大孤岛，四面被大洋包围，土地以沙漠居多，动植物资源稀少。到目前为止，尚未发现其他的灵长类化石，然而这片土地上很早就有人类居住。1968年在澳大利亚发现了距今1万多年和3万多年的人类化石，说明澳大利亚土著的祖先并不源于当地，而是由东南亚一带的古人类迁徙而来。迁徙的时间是4万多年以前，也有人认为是发生于5万年到7万年之前。虽然时间还无法确定，但可以肯定的是，发生于几万年前的这次人类迁徙必须渡过一定距离的海洋才能完成。然而当时的古人类是如何完成这一壮举，跨越大洋呢？特别是在茫茫大洋中，在严重缺乏可供参照的地理标志的情况下，当时的人们如何在海上辨别方向呢？

起初，人们对远古人类的航海技术一直表示怀疑，直至20世纪60年代末，人们发现在西太平洋岛国的土著居民可以不借助现代仪器，用传统的双体独木舟远航捕鱼或往来岛屿间做买卖。借助这一传统的航海技术，人们才明白远古时期人类航海主要靠天文导航。例如，白天他们利用太阳进行导航，晚上则利用星星作为前往地平线外远方小岛的夜间导航指标。他们还将数颗星星组成星座罗盘，作为到达多个目的地的导航工具，这种方法被称为过洋牵星术。当然，他们也并不完全依赖太阳和星星，在天气不好的情况下，他们还借助自己熟悉的风向、波浪、洋流进行导航，甚至鸟类的飞行、树枝的漂流以及从陆地弹回的海浪也可以确定航行的方向。数万年前的古人类就是通过这些方式，划着简易的木筏，移居到散布在太平洋海域上的千百个大小不一的岛屿，完成了人类跨越海洋的壮举。

指明方向的司南

尽管人类很早就学会利用天文现象在大海上为船只进行简单的导航，然而当遇到恶劣天气，一旦看不到日月星辰，在茫茫大海上航行就很容易迷失方向，使自己陷入危险的境地。因此，如何在大海上辨别方向，乃至确定自己的方位，成为人类最终能否征服海洋的关键。

在中国，人们很早就发现了磁石所产生的一种特有的磁现象，即磁针的指向现象，并利用这一原理制作了人类最早的指南针——司南。相传在轩辕黄帝与蚩尤进行大战时，黄帝就利用司南辨别方向，在迷雾天气中战胜了蚩尤。有关司南的形状和使用方法最早出现在东汉思想家王充的《论衡》一书中。司南是用天然磁铁矿石雕琢成一个勺形，放在一个光滑的盘面上，利用磁铁指南的作用来辨别方向。这种勺状的磁性指向仪器被视为现在所用指南针的始祖。但由于司南是用不易获得的天然磁石制成，加之体积较大，方向指向也不太准确，因此司南并没有普及开来。

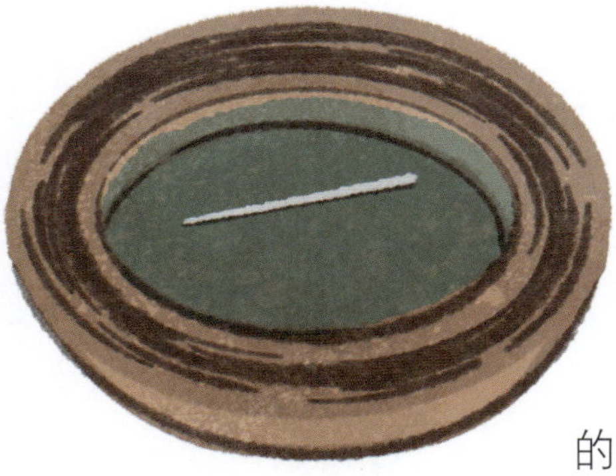

直至宋代，人们终于掌握了利用天然磁石进行人工磁化的技术，这时新的利用磁原理指示方向的工具——指南针出现了。人们将钢针放置在天然磁石旁磁化，再将磁化后的钢针放到水面浮着或放在碗边悬着，用来指示方向。指南针的诞生对当时的航海事业产生了巨大的推动作用。宋代的人们为了保证指南针的准确与航海方便，为其搭配刻有方位的罗盘。当时航海罗盘有两种：水罗盘和旱罗盘。水罗盘是把磁针放在一个中间凹陷处盛水、边上标有方向的盘子里，航海时罗盘中间的凹陷处能够给指南针一个平静的工作环境，即水面保持水平状态，不至于受到航海风浪不平的影响。由于水罗盘中的磁针是浮在水面工作的，所以水罗盘通常被称为“浮针”。旱罗盘则是将钢针放置在水平的金属或其他材质的盘面上，用轴支撑在磁针的重心处，尽量减少支点的摩擦力，方便磁针不受限

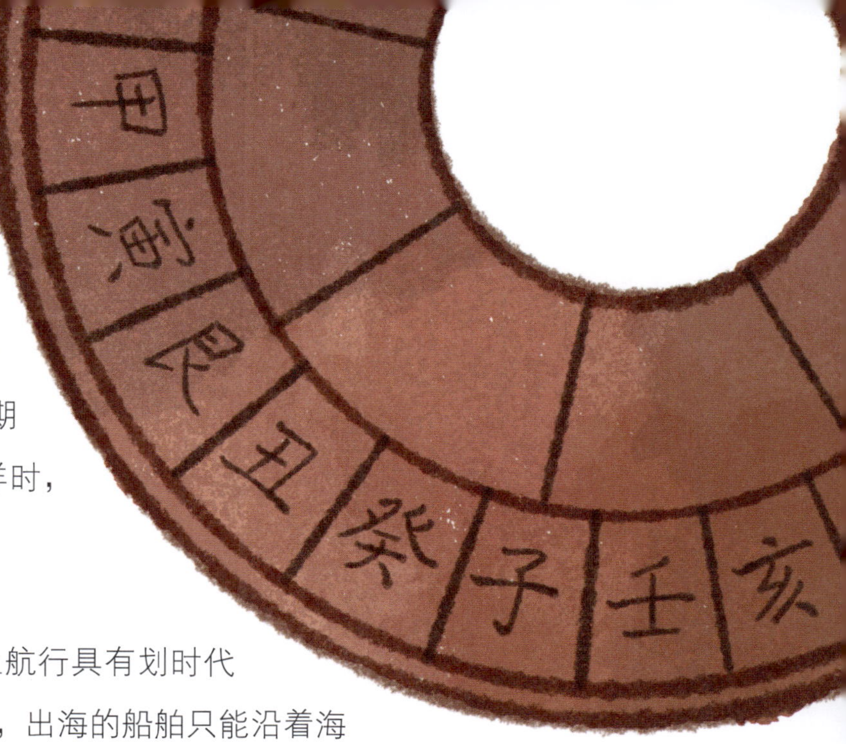

制地转动，指引方向。由于当时水罗盘比旱罗盘的精度高，因此古人在航海实践中偏爱水罗盘，很少使用旱罗盘。水罗盘在古代航海中长期扮演着重要的角色，明朝郑和下西洋时，船队使用的指南针就是水罗盘。

搭载指南针的罗盘的发明对海上航行具有划时代的意义。在没有稳定的辨向工具之前，出海的船舶只能沿着海岸线在近海区域航行，搭载指南针的罗盘出现后，直接让跨越大洋的世界航行成为可能。14 世纪中国发明的罗盘针经阿拉伯人传至欧洲并普遍使用，加之造船技术在当时也有了很大进步，出现了新型的多桅多帆、轻便快速的大船。以此为基础，15 世纪的探险家们开始系统地探索世界。1405 年—1433 年，明朝郑和带领中国船队进行了 7 次大规模的远洋航海，他们的足迹遍布东亚、印度次大陆、阿拉伯半岛以及非洲东部地区。在西方，葡萄牙人开始尝试探索非洲西海岸，他们驾驶帆船进入了未知的大西洋，并在 1427 年发现了亚速尔群岛。经过一系列的航海实践，人类的地理知识和航海水平得到了提升，这为后来的地理大发现奠定了基础。

地理大发现

15 世纪末，随着西欧商品经济的发展，资本主义萌芽出现，商业贸易日益繁荣。然而东西方贸易陆路通道却被奥斯曼土耳其人控制，为了开辟通往东方新的贸易通道，西欧各国君主开始资助探险家进行航海探险，其中葡萄牙和西班牙走在最前列。1487 年—1488 年，迪亚士在葡萄牙王室的支持下，率领三艘轻便帆船沿着非洲西海岸抵达非洲最南端的海角，后将其命名为好望角。1492 年，意大利人哥伦布在西班牙王室的支持下开辟了通往美洲的新航路，发现了“新大陆”。1497 年—1498 年，在葡萄牙王室的支持下，达·伽马绕过好望角到达印度，开辟了欧洲从海上直通印度的新航路。1519 年—1522 年，受西班牙王室资助，麦哲伦船队完成穿越太平洋、印度洋、大西洋再返回欧洲的首次环球旅行。这次航行证实了地圆说。

新航路的开辟和地理大发现使各大洲之间的相对孤立状态被打破，世界开始走向整体，这促进了资本的原始积累以及全世界物种的交流与传播，加强了各大洲之间的联系。真正意义上的世界史开始了。

重赏之下诞生的航海钟

虽然指南针解决了人类在远洋航海时辨别方向的问题，但海上航行不仅需要方向，还需要确定船只在海面的准确位置及航速，这样才能使航船在有限的食物和淡水条件下如期到达目的地，从而保证航行的安全。因此，测定所处的经纬度对于航行中的船只显得格外重要。纬度可以通过观测太阳或者北极星的高度来确定，但没有任何天体能直观地显示经度的差异，古代航海家们只能依靠测量航速来估算自己的相对位置。在 18 世纪以前，船员们是这样测定航速的：随着一声令下，一名水手把手里的沙漏翻个身，开始计时；另一名水手将一头绑着一块扇形木板的麻绳抛入海中，使其漂浮在海面上。绳子每隔一段有一个绳结，另一头绕在一个带手柄的卷筒上。随着船的前行，绳子不断从卷筒上松开，从海员的手心里通过。当沙漏的沙子落完后，负责计数的水手报出一个数字，就是这段时间里通过他手掌心的绳结数量。这个数字除以沙漏里的沙子下落所需的时间就可以算出当时的航行速度。然后，值班水手把各段时间的航向和船速记录在航程记录板上。船长再根据船的航速和航行的方向，在海图上标明船只所处的位置。但是，这种方法并不精准，加之当时船只在航行时横漂以及洋流干扰，很容易造成极大的误差。

在很长的时间里，人们通过各种办法来测定经度，但这一问题一直没有得到有效解决。1707 年，一支英国舰队在返航途中遭遇大雾，迷失了方向，造成 4 艘战舰撞上海岛沉没，1500 多名水手丧命。这一惨重事件使英国政府再一次意识到确定航船方位，特别是经度的重要性。为了解决这一难题，1714 年英国国会通过了《经度法案》，最高悬赏 2 万英镑征集解决方案。

为了得到这笔 2 万英镑奖金，钟表匠约翰·哈里森通过自己掌握的制造钟表的原理和技能，开始研究制造航海钟。因为从科学上讲，经度问题可以换算为时间。地球每天(24 小时)转动一周是 360°，每小时的时差就相当于经度 15°（360 除以 24)。因此，只要知道两地的时间差异，就可以知道两者之间的经度差了。但问题在于，在颠簸的海洋上所有机械时钟都会失准。哈里森精细地研究机械钟表的每一个零件，想方设法改进它们，使它们不受周边环境的影响，即使在极度动荡、急剧变化的环境下，也能够保持精确，很少发生误差。经过多年研制，他终于在 1736 年造出了第一台航海钟 H1。这台 1 米见方、重达 42 千克的庞然大物用两根弹簧把两个金属钟摆的两头连在一起，使钟摆的摆动频率摆脱了海浪颠簸的影响。哈里森带着航海钟 H1 进行了一次短途航海旅行，结果证明用它来测量经度比当时所有的方法都准确。但一个偶然事件让哈里森意识到，使钟表小型化才是避免受环境影响的最佳办法。他又毅然决定推倒重来，开始制作新的小型航海钟。1759 年，哈里森终于造出了一块直径为 13 厘米、重 1.45 千克的比怀表大一点的航海表。这块新的航海表携带方便，准确性也大大提高了，最终哈里森成为航海钟表领域第一人。但是哈里森的奖金却迟迟没有拿到，因为英国政府不断附加一些新的要求。最后，英国国王亲自试验后，哈里森终于在 80 岁时拿到了全额奖金。

为了表彰英国在这个领域的功绩，1884 年国际天文学界召开会议，正式把英国格林尼治天文台所在地定为本初子午线，也就是零经度。从此，地球被划分成东西两个半球。

时至今日，各式各样精准的电子钟表已经普及，更加准确的卫星定位 GPS 以及我国的北斗系统也融入人们的日常生活，成为我们交通导航的重要部分。这些新的导航技术的运用，不仅使航海变得更加容易，还为人类打开了一扇新的大门。

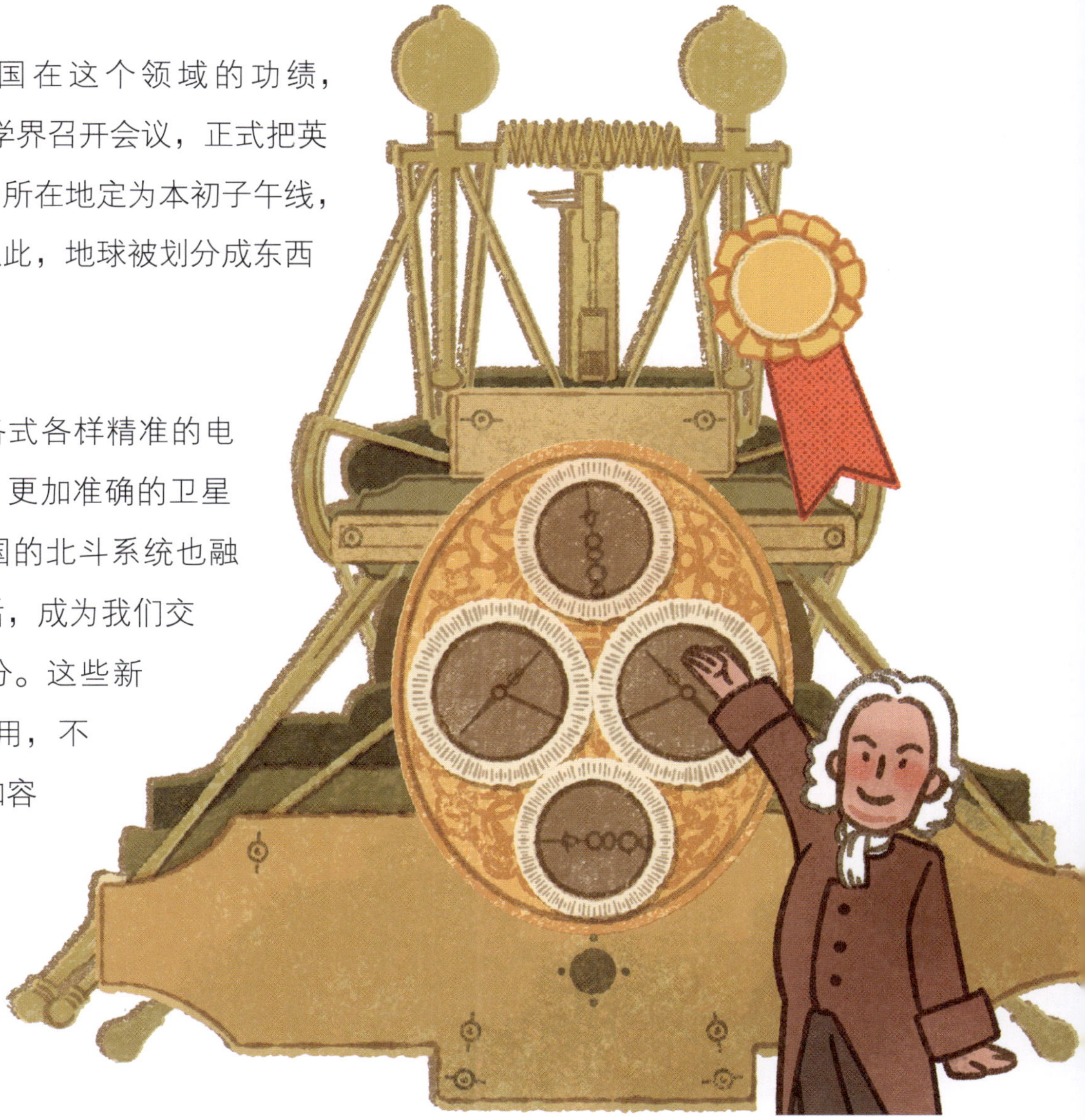

工业革命带来的交通变革

18世纪60年代，随着棉布在全球的畅销，英国棉纺织业迅速发展，并催生了新的技术发明。1765年，哈格里夫斯发明“珍妮纺纱机”，标志着棉纺织业机器生产开始代替手工劳动。很快，在英国的棉纺织工厂中，工人们开始操控这种纺纱机器进行生产。以此为开端，人类历史上一场轰轰烈烈的工业革命拉开了序幕。这场革命使人类的生产力实现了从手工劳动向动力机器生产转变的重大飞跃，这是人类历史上一个大的分水岭。

工业革命发生后，一系列的技术进步和工业化进程不断展开，由最初的机器生产到后来用机器生产机器，人类的生产方式和生活方式也发生了天翻地覆的变化。例如，在动力领域，1782年，英国人詹姆斯·瓦特在前人研究的基础上对蒸汽机不断改良，终于研制出世界上第一台真正意义上的蒸汽机——复动式蒸汽机。这种蒸汽机可以将蒸汽动力转化为巨大的机械动力，解决了人力、水力受自然条件限制的问题，从而大大提高了工业生产力。随着蒸汽动力被应用到更多工业生产中及一系列技术革命的发生，人类开始进入“蒸汽时代”和工业社会。在这样的大变革时代，交通领域也发生了一系列的变革，特别是工业革命中出现的新动力——蒸汽动力，直接推动了现代交通工具的发明和使用，引发了交通的大革命和人类历史的飞跃。

轮船的变革

轮船，就是用轮子推动前进的船，它是中国古代的又一大发明。在唐朝，一位叫李皋的官员因受到船上的桨和农村用来抽水的水车的启示，发明了一种新型的战舰。他在船上装上带桨叶的桨轮，将桨轮安装在船舷侧和尾部，下半部分浸入水中，上半部分露出水面。船不使用帆来驱动，也不使用桨，而是把人作为动力，踩动船舷两旁的桨轮前进。这种不靠风力就能“鼓水疾进，驶于阵马”的战船，就是最早的轮船，在当时属于主动制胜的先进战具。在南宋时期，著名的民族英雄岳飞曾使用这种战舰抗击金兵。但这种轮船只能用人力来驱动，不太适合长途航行，因此没有广泛用于交通领域。

瓦特研制的蒸汽机成功后，蒸汽机被广泛应用于各个行业。许多人也尝试将蒸汽机用于船上，让蒸汽动力取代过去使用的风力或人力，使之成为船舶动力的新来源。但是，这一尝试遇到了许多困难和挫折。早期的轮船，装载蒸汽机后消耗太大，造成经济成本较高；有的装载蒸汽机后空船尚能行驶，装满货物后则不能行动；有的虽然可以行驶，但速度比帆船还慢。尽管这样，将蒸汽机应用到船舶上的努力仍没有停止，1807 年，美国人罗伯特·富尔顿终于取得了成功，制造出世界上第一艘蒸汽轮船。

尽管富尔顿发明了蒸汽轮船，但是蒸汽轮船并没有很快取代帆船，实际上 19 世纪上半叶是由帆船向蒸汽轮船过渡的时期。早期的蒸汽轮船仍装有全套帆具，蒸汽机只是作为辅助动力，例如 1819 年美国人罗杰斯建造的“萨凡纳”号蒸汽机帆船，用了 27 天时间横渡大西洋，在整个航程中只有 60 小时是使用蒸汽机推进，其余时间仍用风力。这一状况直至 1838 年英国轮船“天狼星”号和“大西方”号完全依靠蒸汽机为动力横渡大西洋取得成功，且行驶时间是最快帆船所需时间的一半左右，进而开辟了近代海上运输的新纪元。

富尔顿和他的轮船

罗伯特·富尔顿原本是一位擅长画肖像的画家，在他 22 岁时应邀去英国给过 50 岁生日的瓦特画像。两人一见如故，瓦特将自己发明蒸汽机的详细过程告诉了富尔顿，这使富尔顿对瓦特的蒸汽机产生了极大的兴趣，立志将蒸汽机运用到船舶上。他首先研究了当时各式各样的蒸汽机，吸取了前人所造轮船的经验教训，才开始设计和制造自己的蒸汽船。1802 年，富尔顿在法国建成了一艘长约 9 米的轮船，在巴黎的塞纳河下水。但遗憾的是，由于船上的蒸汽机太重，当天风浪又大，首航失败。然而富尔顿没有气馁，又研制了 5 年。1806 年，富尔顿回到美国纽约继续从事造船事业，于 1807 年建造了世界上第一艘蒸汽轮船“克莱蒙特”号。8 月 17 日，“克莱蒙特”号轮船在美国纽约的哈德逊河下水试航。它长约 45 米，宽约 9 米，排水量为 100 吨，船上所用的蒸汽机是瓦特亲自为富尔顿制造的。富尔顿驾驶着这艘轮船，从纽约出发，沿着哈德逊河而上，直达阿尔巴尼。两岸观看的群众欢声雷动，试航取得成功。后来富尔顿不断改进自己的轮船，使轮船逆水航速约达 4.8 千米 / 时，可连续航行约 241 千米，为人类水运史做出了巨大贡献。

与此同时，轮船的制作材料也发生了变革，铁制轮船开始替代木制轮船。1821 年，第一艘铁制轮船“阿伦曼比”号建成下水，它以蒸汽为动力，穿越英吉利海峡抵达塞纳河，不但降低了成本，还增加了载货重量。至此，铁成了制造轮船船体的主要材料，铁制船取代了木制船。在完成了动力与船体材料的变革后，轮船的推进方式也出现了新的变革。1836 年，瑞典人埃里克森发明了装有螺旋桨的轮船。1837 年，英国人史密斯研制出螺旋桨以取代明轮来推进轮船。之前，蒸汽轮船一般是采用舷侧明轮打水推进，但这种方式容易受到气候等条件的制约。如果风平浪静，航行还算顺利；如果风浪较大，轮船剧烈摇晃，就会导致明轮无法打水以致空转，不仅使船的速度减慢，而且容易使船只失控。在蒸汽机的推动下，螺旋桨的表现效果明显好于明轮，推力强劲且船只速度比明轮式轮船快得多。很快，船上的明轮被螺旋桨取代了，现代轮船的基本结构就这样形成了。轮船使各大洲之间的航行时间大大缩短，为世界各地经济文化的交流创造了便利条件，从此人类的水上运输步入了新阶段。

冒着烟的“钢铁怪物”

1825年9月27日，一个头顶着长长烟囱冒出股股浓烟的钢铁怪物，突然大吼一声，如一条巨蟒沿着英格兰北部的田野呼啸而来。3个小时后，这个车头的炉膛里闪出燃烧火光的钢铁怪物顺利到达它的终点——达林顿。等在那里的人群发出巨大的欢呼声，随后有人随车奔跑，有人骑马伴行，乐队为它奏乐，教堂也纷纷鸣钟致敬。这个冒着浓烟的钢铁怪物就是世界上第一辆现代蒸汽火车“旅行者”号。这列火车当时拖了装有煤和谷物各6节的货车车厢，22节坐着450名乘客的客车车厢，载重共达90吨，以18千米/时的速度跑完了全程。这趟旅程的圆满完成意味着人类陆上运输新时代的到来。

“新城堡”号

这是工业革命赋予了人类陆上运输的新时代——蒸汽机的出现成为陆上交通工具的新动力，火车应运而生。当人们将蒸汽机广泛应用后，工业化产品越来越多，急需新的交通工具解决运输问题。这时，一些科学家开始考虑将蒸汽机运用在交通出行上。很快，蒸汽船取得了成功，成为水上交通的主力。而在陆地交通上，蒸汽机还很难与车辆结合取代马车。在当时的条件下，使用蒸汽机改造成车辆极其困难，许多问题需要解决，如气缸排气、锅炉的通风和重量等。英国物理学家理查德·特里维西克于1804年尝试研发火车，在多次试验失败后，他制造出一辆有一个气缸和一个大飞轮的蒸汽机车，取名“新城堡”号。这辆机车可以同时牵引5节车厢，以8千米/时的速度行驶，但遗憾的是，这个速度比当时的马车还要慢，因此无法实际应用。由于当时的燃料多是煤炭和木柴等，气缸释放能量的同时会产生大量的火焰，加之蒸汽机车行驶时，烟囱里喷出的浓烟夹着火星，轮子摩擦铁轨也会迸出火星，人们好奇地称它“火车”，这个称呼一直沿用到了今天。1808 年，特里维西克又制造了一辆机车，由于轨道的承重能力有限，而机车速度过快，结果笨重的机车在行驶过程中脱轨，最终只好停止试用。世界上第一列火车的尝试虽然失败了，但是它却为后来制造真正的火车迈出了第一步，留下了宝贵的经验。

英国人乔治·斯蒂芬森在总结前人经验的基础上，经过细致的研究，终于研制出“旅行者”号蒸汽机车，也就是文章开始所述 1825 年试验的列车，即人类历史上第一辆真正有实用价值的火车。“旅行者”号蒸汽机车在各方面的性能较好，很快投入到交通运输中，人类也从此进入了真正意义上的火车时代。

起初，火车设计的初衷只是转运货物，如将挖出的煤运送到目的地，后来人们也

火车的发明者乔治·斯蒂芬森

乔治·斯蒂芬森是铁路建设中的一位伟大开拓者。他出生于英国纽卡斯尔一个贫穷的煤矿工人家庭。他 14 岁时在煤矿厂当锅炉工助手。每天与蒸汽机打交道，使他逐渐熟悉了蒸汽机的构造和性能，对蒸汽动力的技术问题产生了浓厚的兴趣。虽然他的文化水平低，遇到了很多难以解决的问题，但他仍以顽强的毅力克服。为了学习文化知识，17 岁时他进入英国一所煤矿子弟夜校学习。在那里，他同一群孩子一起从简单的字母开始学习，直至 19 岁那年他才会写自己的名字。据说当时他写出自己的名字后激动得差点儿跳起来。为了学习蒸汽机的相关知识，他步行 700 多千米到蒸汽机发明家瓦特的故乡苏格兰虚心求教。最终，他不仅掌握了蒸汽机的构造和原理，还可以熟练使用煤矿厂的各种机器。1814 年，斯蒂芬森着手制造了一辆煤矿坑道里用的火车。虽然这辆火车可以拉 30 吨货物，但走得太慢，震动声大。于是他进一步改良火车上的蒸汽机，想方设法解决机车的噪声问题。一天，他终于有了主意。他用导气管把喷出的废蒸汽引到了烟囱里，这样做既减少了噪声，又能加快炉内空气的循环，使煤燃烧得更旺，从而增加了机车的牵引力，做到了一举两得。斯蒂芬森把这个发明用于改进自己设计的机车，使蒸汽车更加完善了。同时他还开始轧制钢轨，用来代替过去的铸铁轨，解决了列车脱轨的问题。由于斯蒂芬森发明了真正意义上的实用蒸汽机车，对火车的发展做出了巨大贡献，因此被人们称为“火车之父”。

尝试乘坐，于是火车开始运送乘客。但火车那时还是个新鲜事物，人们很难接受这个冒着烟跑得飞快的钢铁怪物。当时的人们有很多担心，担心快速行进会伤害身体，担心火车会爆炸，还担心火车会翻车。但火车给予人类新的希望，即打破原有缓慢的速度，拥有前所未有的快捷。

为了打消人们的顾虑，1829 年，利物浦和曼彻斯特铁路委员会宣布举行一次竞赛，选出最佳的火车车辆。当时的竞赛要求每种机车牵引一列满载石子的车辆在 3000 米的路上来回运行 20 次。斯蒂芬森驾驶他新设计的“火箭”号，最终以 46.6 千米 / 时的速度在数万观众的欢呼声中率先冲过终点，一举夺魁，取得了划时代的胜利。人们不再对蒸汽火车有疑虑，火车的时代到来了！

铁路——不断延伸的地球新动脉

说起铁路，大家就会想到火车，铁路是为了满足火车运输的需要而发展的，它是现代文明的一项巨大工业成就，随着科学技术的不断发展而发展。1825 年，英国人斯蒂芬森为测试“旅行者”号蒸汽机车，在达林顿到斯托克顿之间修建了世界上第一条铁路，这条铁路仅有 32 千米。很快英国政府意识到铁路具有巨大的商业潜力，拨出巨额财政补贴，用于修筑铁路，完善新开发的蒸汽火车。至 19 世纪 50 年代中期，英国全境已经铺设了 12800 千米铁轨，预计有 25 万人参与了铁路建设，甚至当时的人们参照“航海家”一词，送给铁路的筑路工一个外号——航陆人。1890 年，英国已形成全国性铁路网，路网总长达 32000 千米。此时，铁路已支配起英国的长途运输业，极大地推动了英国的商业贸易、钢铁、机械、建筑工程、地产等行业的发展。铁路将英国各地紧密地联系在一起，成为经济大动脉。在英国的带领下，周边其他国家相继掀起了铁路建设的浪潮。铁路这条可以带动经济发展的大动脉开始向全球延伸。

铁路改变人类生活

铁路与以往的陆上交通工具相比，速度有了大幅提升，这种速度的提升给人类的生活带来了一系列的变化。新石器时代以前，人类还不会驯化使用马时，陆上交通主要靠人类步行。陆上交通的速度也就是人步行的速度，每小时不过 5~15 千米。自从马成为家畜后，陆上交通速度有了新的提升。马在疾驰的时候，1 小时近 40 千米。直至 1825 年火车发明前，还没有一种东西可以超过马的速度。1825 年，斯蒂芬森发明的火车速度是 18 千米 / 时，但是 4 年后，火车的速度已经达到 46 千米 / 时，超过骏马的

铁轨的历史

较之火车，铁轨的历史则更为久远。早在古希腊时期，人们就建立了一条穿越科林斯地峡的运船轨道，古希腊人借助滑轮等装置，在石质通道上拖动船只。在16至17世纪的欧洲，开始出现使用木质轨道加速车辆的通行和增加载货量，如1550年欧洲有人在泥滩地上铺设木质轨道，用来牵拉原始轨道车。起初，在轨道上拉动车辆是靠人力。到18世纪中期，在英国的一些矿场，人们已经开始利用体形瘦小的马拖曳轨道上的采矿车。18世纪末到19世纪初，随着炼钢产业的技术革新，钢铁的质量提高，成本降低，在英国，木质轨道逐渐被替换为铁轨。这些铁轨主要用来连接矿场和码头，可以迅速把矿产送往水路。矿场内部当然也遍布铁轨，甚至有人利用重力加速度，在废弃矿场修建出刺激的“过山车”，下山时利用重力滑下装满矿石的车辆，再用马将空车拉上山。由此法国人专门为路易十四修建了一套名为“大轮盘”的轨道系统，就类似今天的过山车，让当时的贵族们从山上250米高的木质轨道上轰然滑下，吓得惊叫连连。不过当时在轨道上牵引车辆的主要还是靠马，这也造成了今天标准铁轨的宽度为1.435米，其源于马车轮距。而马车的轮距标准来自古罗马战车的宽度，古罗马战车的轮距则是根据牵引一辆战车的两匹马屁股的宽度确定的。

速度。此后火车的速度不断提升，对速度的崇拜与追求促使人们不断改进火车，到第一次世界大战时，已经出现了时速161千米的蒸汽火车。

火车速度的提高和铁路网的延伸，意味着人们能够以相对舒适和低廉的成本进行长途旅行，这改变了人们的视野，开拓了人们的想象力，是过去难以想象的事情。在这之前，大多数人一生都生活在出生地。对绝大多数人来说，长途旅行是一件不容易的事，因为既昂贵又危险。缺乏流动性是经济和社会发展的主要障碍，由于人们的活动空间和社交范围有限，思想和技术的传播也极其有限。铁路线的延伸使人们可以长途旅行，比如去海边或外地参观游览。与此同时，人们在思想层面的交流也频繁了，工业革命开始蔓延——首先是在英国，然后是全世界。体育发展也越来越职业化，因为球队可以长途跋涉与其他球队比赛。

铁路还促使商业发生了革命性变化。以往容易腐败的商品只能就近销售，当交通更加便捷时，这些商品就可以进入更远的地方销售。更多地区的产品进入了市场，运费也变得更加低廉，这又使更多难以运输的商品进入了市场，如煤、铁、谷物之类。运费的降低不仅体现在运输商品上，也体现在人们的出行成本上。1800 年，伦敦和曼彻斯特之间的往返车票是 3 英镑 10 先令，而 50 年后的 1851 年，在伦敦世博会期间，火车在两地之间的速度提升了，票价却只有 5 先令。铁路网的运载量不断提高，交通成本不断下降，铁路的经济优势得到认可，促进了社会化大生产，产生了巨大的经济效益和社会效益，加速了社会的全面变革。

铁路的出现还改变了人们的时间观念。铁路系统是按照时刻表定期运行，人们乘坐火车必须按照时刻表，这使人们告别了过去的随心所欲。铁路的普及还促使全球统

一时间标准——时区的出现。全球共分为 24 个时区，不过很少有人知道，时区这一概念是如何提出的，更不曾想到时区制与铁路的密切联系。在铁路出现之前，全球各地都有自己独立的时间系统，世界各地没有统一的时间标准，甚至一个国家内部都缺乏统一的时间标准。以美国为例，在铁路出现之前，美国各城镇有自己的时间标准。对于长期居住在一个地方的人们来说，这是合理的，但是这种不统一的时间标准对于长途旅行和出差的人来说就很麻烦。波士顿的正午比纽约要早几分钟，而费城人在纽约人经历中午的几分钟之后才迎来自己的正午。这对铁路系统来说是一个大问题。最初，美国各条铁路采用了 56 种时间标准来编制运行时间表，但是随着铁路的进一步普及，在全国范围内，不同城市之间的时间差不断累积，最终导致混乱。这使得铁路系统的运营需要一个统一的时间标准。1883 年，美国国家铁路各地代表联合起来，同意在北美创建五个时区作为通用铁路时间标准，分别是省级时区、东部时区、中部时区、山区时区和太平洋时区（也就是西部沿海地区）。就这样，时区随着铁路的发展而形成了。

假如你从高空俯视地球表面，你会发现一个有趣的现象，那就是人口和城镇大多聚集在铁轨周围。事实上，很多时候是先有铁路才有城镇的，车站成了交通枢纽，吸引了商业和经济发展。铁路经过的城镇和乡村变成了繁华的中心，人口的流动比以往更加频繁。新的城市因为铁路而诞生，城市人口也越来越多，规模不断扩大。铁路将各地的经济联系起来，成为一个国家的黏合剂。经济也通过铁路构成了一个整体，促进了国家内部的整合和繁荣。

此外，铁路还成为欧美国家对外殖民的工具。他们利用其掌握的铁路技术，开始在殖民地、半殖民地国家修建铁路。在各个殖民地，铁路修到哪里，殖民扩张与掠夺就到哪里，无数铁路劳工死于非命。为了更方便地将殖民地物品运送到港口，也为了更方便地将欧洲出产的各种工业制品运送到内陆，殖民者们开始建设通往港口的铁路。以印度为例，英国人从 19 世纪 40 年代初开始在印度成立公司准备铺设铁路，1853 年确定了印度铁路网的大致框架。19 世纪 60 年代，印度被铁路建设的热潮席卷。到了 1902 年，印度的铁路总长度达到 42000 千米，甚至超过了英国本土的铁路长度。但是印度的整个铁路网完全是以港口为中心向内陆辐射的，对本国来说，这并不是一个很均衡的理想交通网络。这样一个扭曲的铁路网，正是印度这样的殖民地社会体系的一个缩影。在欧洲人的军事威胁下，铁路从欧洲大陆迅速扩散到了世界各地，规模成倍增长，铁路的建设让殖民者从殖民地掠夺的财富飞速增长。

铁路继续延伸

随着时间的推移，蒸汽机车应用越来越广泛，但也存在着很多不容忽视的缺点，例如需要的燃料量大，随着行驶路程的增加，加水、加煤、清洗锅炉也会变得频繁。不仅如此，火车在行驶中还会释放出大量黑烟，对环境造成污染，特别是在火车驶入山洞时，由于浓烟很难散出去，对旅客和车上工作人员的健康造成严重影响。1879 年，德国西门子公司设计的世界上第一条电气化铁路在柏林建成。曾经风靡一时的蒸汽机车，最终被历史淘汰，取而代之的是新一代的电力机车和内燃机车。电力机车由于速度快、爬坡能力强、牵引力大、不污染空气，因此发展迅速，它宣告现代化铁路运输时代的到来。而且，地下铁路（地铁）也随着电车的出现而得以发展，铁路电气化还为其后高速铁路的出现奠定了基础。到 1914 年，几乎所有的国家都迈入了铁路时代。铁路线跨越了许多险峻之地，丛林、高山、河流和沙漠等最严峻的自然障碍都被能工巧匠们一一攻克，钢铁之路延伸至全球，成为地球上新的动脉，并不断延伸。

汽车时代的到来

18 世纪 60 年代后，当蒸汽机被广泛地应用于工业中时，人们不由得提出了这样的问题：什么样的机器适用于陆地交通车辆呢？当铁路上长长的货车和客车快速奔驰时，公路上跑着的仍然是慢速的马车，它能运载的货物只占一列火车所能运载的极小一部分，显然马车已经拖了陆地交通的后腿。

冒着黑烟的汽车

起初，人们考虑将蒸汽机安装在车辆上。1769 年，法国陆军工程师尼古拉斯·古诺经过 6 年的苦心钻研，终于研制出世界上第一辆蒸汽汽车。整个蒸汽汽车长 7.3 米，高 2.2 米，车架上放着直径 1.3 米的锅炉，前轮直径为 1.28 米，后轮直径为 1.5 米。该车采用前轮驱动兼转向，但车速仅为 4 千米/时，且锅炉的蒸汽只能维持车辆行驶 30 分钟。然而不幸的是，在试车时这辆车就因操控不便撞到墙上损坏了，这也被认为是世界上第一起机动车事故。虽

然古诺的蒸汽汽车未获得成功，却是汽车发展史上的第一个里程碑。此后100年里，欧洲各国的发明家制造出多种不同用途的蒸汽汽车，如英国人研制的蒸汽公共汽车、法国人研制的蒸汽牵引汽车等。

早期的蒸汽汽车非常笨重，比现在筑路用的轧道机还要重，速度缓慢，噪声大，黑烟多，且会破坏路面，还经常引起各种事故，所谓成事不足，败事有余。因此当蒸汽汽车拖着黑烟缓缓爬行的时候，便会遭到上流社会人士和马车主们的冷嘲热讽。有人在报纸上画出蒸汽汽车爆炸时断臂残足、血肉横飞的情景，以恫吓人们不要乘坐蒸汽汽车。马车主则说蒸汽汽车抢夺了他们的生意，农民说蒸汽汽车吓坏了他们的牲畜，医生说蒸汽汽车毒化了空气，骑手说蒸汽汽车惊吓了他们的马匹。总之，很多人都非常讨厌蒸汽汽车，抵制蒸汽汽车的运行。为此，1865年英国政府通过了一项关于蒸汽汽车的法律，规定蒸汽汽车在乡村时速不得超过6.4千米，城镇不得超过3.2千米，一辆蒸汽汽车需有三名司机，其中一位手执红旗的车务员必须走在车前55米处，警告行人注意安全。也是由于这条规定，使这个法案被称为“红旗法案”。该法案还严禁司机鸣笛放气，以免惊吓马匹；狭路相逢时，蒸汽汽车要为马车让路。谁要是违反了上述规定，警察马上就会干涉。这个法案使蒸汽汽车在当时成了笑话。英国的蒸汽汽车由此而销声匿迹，在汽车发展史上结束了英国的先行时代。

内燃机与汽车的诞生

蒸汽机的燃料是在气缸外面燃烧的，因此热量很容易散失，热效率很低。为了从根本上解决这一问题，人们便开始积极研究使燃料直接在气缸内燃烧的动力装置，这便是内燃机。1860年，法国发明家勒努瓦成功地研制出一台使用煤气作燃料的单缸二行程内燃机，这是世界上最早的内燃机。在人们的不断改进下，更为轻巧的内燃机出现，使车辆迅速找到了新的动力，笨重的蒸汽汽车退出了历史舞台。

1885年，德国人卡尔·本茨设计制造出了世界上第一辆用汽油内燃机的三轮汽车。这辆三轮汽车采用钢管焊接车架、辐条式车轮，发动机为单缸四冲程，蓄电池与高压线圈负责点火，并装有散热器。整车重254千克，最高时速18千米，装有橡胶轮胎，

靠一根操纵杆控制方向，用齿轮和链条使后轮驱动。

1886 年，卡尔·本茨凭着这辆三轮汽车获得了汽车制造专利权，并正式注册。在世界汽车史上，这一天被公认为首辆汽车的诞生日，卡尔·本茨也被誉为“汽车之父”。

刚刚诞生的汽车动力并不强，只有 1~2 马力，时速也只有 10 千米左右，和马车差不多。但随着科技的进步和完善，经过 20年左右的努力，汽车发动机功率已发展到40马力，时速由10千米提高到50~60千米。汽车的形状也由原来的“马车型”改进为“箱式车”和后来的“甲虫型”“船型”。

福特公司的汽车王国

今天汽车之所以能遍及全球，不得不归功于美国人亨利·福特，可以说是福特为人类创造了汽车的世界。在 19 世纪末，汽车还没有取代马车成为人类的主要交通工具。1887 年，法国庞哈德·莱瓦索马车制造公司获得戴姆勒高速汽油内燃机在法国生产的专利权，用来生产汽车。当时汽车的制造较为复杂，只能靠工匠手工装配，并根据买主的要求制造出不同款式。直至 1894 年，这家公司一年也只能生产几百辆汽车，但已经是当时全球产量领先的汽车制造商。俗话说，物以稀为贵。这么低的产量注定了汽车在那时只属于上层社会使用的奢侈品，然而一个人改变了现状，他就是亨利·福特。

福特在小时候就对汽车——这个会走路的神奇机器特别感兴趣。1891 年，福特在“发明大王”爱迪生的照明公司工作，因为能够快速掌握和熟练运用新技术，福特很快脱颖而出。1895 年，汽车在欧美国家发展十分迅速，特别是美国。与欧洲国家相比，美国人口众多、土地辽阔、物产丰富，已于1889年超过了英、法、德等欧洲国家，成为世界上最大的工业国。农业繁荣的结果是农民埋怨缺乏从农场到市场能代替马车的运输工具，对于汽车有着极大的需求。因此，1895年美国举办了全美首届汽车大赛，引发了全美研发汽车的热潮。福特也加入了这次浪潮，他成立了专门的汽车研制小组，并于1896年成功研制出一辆汽车。一时间，他声名大噪，也因此获得了爱迪生的鼓励和赞赏。

之后，福特辞去了爱迪生照明公司的工作，专注于汽车研制。福特于1901年和1902年两次参加全美汽车大赛，均获得冠军。从此，福特的大名响遍美国。1903年6月16日，福特汽车公司正式成立，福特的汽车很快成了美国人的抢手货，刚生产出的汽车就销售一空。在福特汽车公司蒸蒸日上时，福特和合伙人对未来公司的发展却产生了分歧。合伙人认为公司应该主要生产高档车，以保证利润；而福特认为应该大批量生产中低档车，因为这才是当时美国大多数人——特别是农民的需求。最终福特并未动摇自己的想法，加之公司相继推出数款大众化汽车，均获得巨大成功，这使福特更加坚定了走汽车大众化的道路。1907年，福特宣布："生产一种设计简单，人人都能买得起的标准化大众车，是本公司今后的主要目标。"1908年，福特兑现了自己的承诺，推出一款集中了福特产品各方面优点的新型汽车——T型车。T型车价位低，且结实耐用，虽然没有太多装饰，但容易驾驶和维修，还能在乡村道路上行驶，很好地适应了美国大众市场的需求。

T型车以高性价比赢得大众的喜爱，一时间福特公司订单暴增，福特意识到传统的汽车生产方式已经无法继续。他在芝加哥肉联厂参观时找到了灵感：他看到牛肉都挂在轨道上移动，工人则站在轨道两边进行操作，于是他将这种流水线的生产方式应用到汽车生产中。福特还对零部件的组装与流水线之间的关系进行了科学分析，对生产工序进行了彻底改良。这项改动大幅提高了生产效率，之前需要12小时才能完成的车体组装工作，现在只需1.5小时即可完成，工厂单班生产能力达1212辆。1913年，福特创建了世界上第一条汽车装配生产流水线，生产效率提高了4488倍，并实行了工业大生产管理模式，实现了产品系列化和零部件标准化。1914年，福特汽车公司年产量达到 30 万辆，1926 年达到 200 万辆，而每辆汽车售价由首批的 850 美元最终降到了 260 美元。福特 T 型车从 1908 年问世到 1927 年停产的 9 年间累计销售 1500 万辆。

福特发明的流水线生产方式的成功，不仅使 T 型车成为当时最普遍的车型，使家庭轿车成为现实，汽车开始走进千家万户，宣告汽车时代的到来；同时大批量生产大幅降低了汽车的制造成本，扩大了汽车的生产规模，创造了一个庞大的汽车工业。当时世界上的大部分汽车生产从欧洲转移到了美国，而福特汽车占据了全球汽车市场大约一半的份额。福特首创的这种以生产方法和管理方式为核心的福特制，不仅为后来汽车工业的发展树立了楷模，也在其他工业领域掀起了具有历史进步性的“大批量生产”的产业革命，改变了人类的历史。

汽车在中国

1901 年，一个叫李恩思的匈牙利人将两辆美国生产的汽车从香港运到上海，从此，中国开始出现汽车。我国现存最早的汽车是存放在北京颐和园的慈禧太后的座驾，被冠以“中国第一车”。这是袁世凯于 1902 年从香港购买赠给慈禧的厚礼。该车产自德国奔驰公司，车上设有 4 个座位，车厢由 6 根垂直的杆子支起一个精美的顶篷，车头还挂着两盏精致的黄铜煤油灯，4 只充满气体的轮胎和钢板弹簧悬架保证了汽车的平顺性，避免大的颠簸。然而慈禧并不喜欢这件贡品，因为车身是黑色的，而不是在中国象征至高无上皇权的金黄色。加之汽车后面的座位较高，身为皇太后的慈禧认为自己爬上去有失体统，还得侍从把她抬上去。而且宫廷内到处是高大的门槛，汽车无法行驶，乘坐汽车远不如前呼后拥的十六抬大轿那样威风凛凛。更令慈禧太后不能容忍的是，驾驶员居然大模大样地坐在她前面，让她感到有失体面。于是她下令驾驶员只能跪着给她开车，但这样开车十分危险，险象环生，差点儿出车祸。因此这辆车并未怎样使用，更多时候成为一件安静停放的摆设。这辆车既是文物，也是当时历史的一面镜子，折射出汽车在中国早期发展的艰难。

到 1930 年，中国汽车保有量达到了 38484 辆，但没有一辆国产汽车。不少有志之士都想制造中国自己的汽车，但限于当时的技术水平，没能实现。中华人民共和国成立后，中国汽车工业才变成了现实。1953 年 7 月 15 日，在长春拉开了新中国汽车工业建设的序幕。1956 年 7 月 13 日，中国自己制造的第一辆汽车驶下装配生产线，这就是由长春第一汽车制造厂生产的“解放牌”载货汽车，结束了中国不能制造汽车的历史，圆了中国人生产国产汽车的梦。

空中交通网

人类没有翅膀，但人类从未停止追求飞行、向往自由的脚步。在漫长的历史中，人类一直追求在天空中自由飞行的梦想，一直在尝试。古人认为人不能飞翔是因为人没有翅膀，只要有翅膀，人就可以飞行。因此在历史上，我国和欧洲都有人尝试用羽毛制作成巨大的翅膀，绑在身上尝试飞行，但都未获成功。

15世纪欧洲文艺复兴时期，意大利著名画家、科学家达·芬奇在观察鸟类飞行后，曾设计并制造出扑翼机想飞上蓝天。他设计的扑翼机有宽大的翅膀，还有一个三角形的尾羽，完全模仿鸟的样子设计。人俯卧在机翼中部，拉动特制的手柄来控制翅膀挥动，但他的设计并没有获得成功。尽管如此，大家仍认为他是人类飞行的先驱。

14世纪末期，明朝有一位官吏叫万户，试图借助火箭的推力和风筝的升力飞上天空。他在一把座椅背后装上47枚当时能买到的最大火箭，他把自己捆绑在椅子的前边，两只手各拿一个大风筝。然后让他的仆人同时点燃47枚大火箭，目的想借火箭向前推动的力量，加上风筝上升的力量飞向天空。不幸的是因为这次试验，万户为此献出了自己的生命，但万户被公认是“世界上第一个想利用火箭飞行的人”。

飞上蓝天

直至 18 世纪晚期，人类才依靠热气球实现了首次升空飞行的梦想。1783 年，法国人蒙特哥菲尔兄弟制作了一个很大的热气球，容积约 1700 立方米，底部用铁链吊挂着火盆，用稻草投入火盆加热空气，然后热气球载人飞上了 950 米的高空，在巴黎上空翱翔约 25 分钟。但是，热气球容易受风的摆布，不容易控制。随后有人设计了飞艇，突破了气球操控的局限性。1852 年，法国人吉法德制造了一种新的飞艇，并在上面安装了功率为 2.2 千瓦的蒸汽机，用来操纵螺旋桨，成功地在巴黎上空飞行了 27 千米，宣告了动力飞艇的诞生。

1900 年 7 月 20 日，由德国人冯·齐柏林研制的一艘飞艇首飞。1936 年，世界上最大的飞艇“兴登堡”号飞上蓝天，它的长度达到 245 米，重 230 吨，气囊容积近 20 万立方米，最高时速 135 千米，续航时间 200 小时，可载 50 名旅客或数吨物品。在飞机出现之前，飞艇是空中交通的主要工具。但是飞艇存在的致命弱点是它使用的气体为易燃易爆的氢气。“兴登堡”号飞艇在 1937 年的一次例行载客飞行着陆时起火，遇难人数共计 36 人。不久之后，飞艇就被新兴的民航飞机所取代。

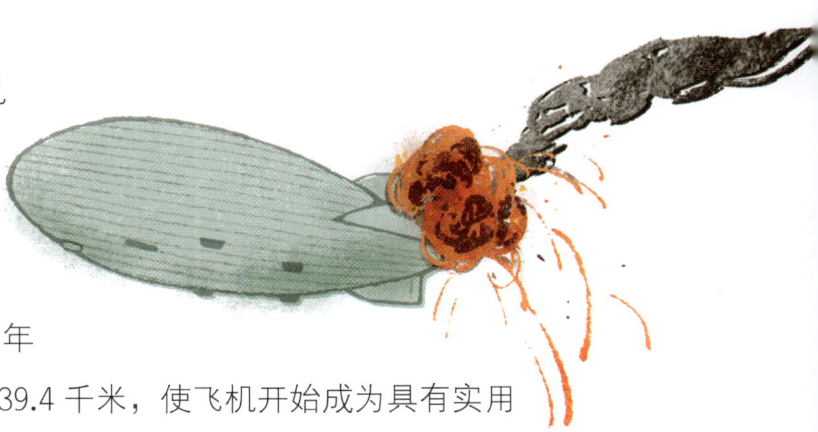

1903 年 12 月 17 日，美国的莱特兄弟制造出第一架依靠自身动力且能够载人飞行的飞机“飞行者一号”。这标志着人类真正的飞行时代到来。此后，莱特兄弟不断对飞机进行改进，1905 年 10 月实现飞行时间 38 分钟、飞行距离 39.4 千米，使飞机开始成为具有实用价值并可销售的产品。

中国飞行第一人

冯如是中国最早的飞机设计师和飞行员。他于1908年制造出自己的第一架飞机，并于1909年9月21日在美国奥克兰试飞成功。后来，他又对自己的飞机进行不断调整和改良，亲自驾驶自己的飞机，参加了当时在美国旧金山举行的国际飞行比赛，取得了优异的成绩，为我国在早期世界航空史上赢得了很高的声誉。

从战争利器到民用航空

1903年，当莱特兄弟的飞机试飞取得成功后，很快引起了欧洲各国军事当局的注意。欧洲列强的军事部门频繁地搜罗各种各样的飞机供陆军部队使用，想把飞机用于战争。1911年10月23日，意大利航空队的皮亚扎上尉驾驶一架飞机进行了长达1小时的空中侦察。这是有史以来飞机首次执行军事侦察任务，揭开了战争史上飞机参战的序幕。1914年，第一次世界大战爆发，参战各国的飞机首先被用于侦察。

战争促进了航空科学技术和航空工业的发展。早期的飞机虽然能够飞行，但从理论上仍不能圆满解释机翼为什么能够产生升力，飞机的结构和设备也极其简陋，经常发生飞行事故，而战争的需要促进了飞机技术和航空科学的迅速发展。第一次世界大战结束后不久，一批航空新技术先后问世，为了改进飞机性能，空气动力学理论获得飞速发展，飞机结构、航空发动机都取得了重大进展。

突破声障

第一次世界大战后出现了创造飞行高度、速度、航程和续航世界纪录的航空竞赛热潮，一些专为破纪录而制造的飞机相继问世。这时人们发现用活塞式发动机作动力的螺旋桨飞机，当时速大于700千米/时以后，再用增大活塞式发动机的功率和提高螺旋桨效率的办法进一步提高速度，受到了限制。特别是当飞行速度接近声速时，由于机翼上气动压力中心的变化，引起飞机稳定性和操纵性方面的新问题，从而为进一步提高飞行速度带来了障碍，这被称为“声障”。第二次世界大战后，通过对跨声速、超声速空气动力学的研究，超音速飞机设计的一系列问题被解决了。20世纪50年代初，出现了超音速的军用飞机。1976年1月，超声速的民航客机“协和式”飞机正式投入使用，该机的最大起飞重量为186吨，载客量144人，航速可达2180千米/小时。它的问世，为民航事业的发展揭开了新的篇章。

与此同时，飞机逐渐从军用转为民用，各国开始设计和制造专用的运输机，纷纷大力发展民航事业。1933 年 2 月，现代民航运输机在美国诞生。这就是波音公司生产的波音 247 飞机，一经投入使用，就将原来的飞行时间由 27 小时缩短至 20 小时以内。

1935 年，为了使空中之旅更加舒适，美国推出了著名的 DC-3 飞机。该飞机载客量增加了 50%。巡航速度为 290 千米 / 时，航程 2415 千米。DC-3 飞机在世界范围内被广泛使用，几乎所有的大型航空公司都使用过它。在 DC-3 飞机繁忙的穿梭往来中，世界民航航空交通网逐渐建立起来，该机为世界民航业的发展做出了杰出的贡献。

第二次世界大战后，民用航空运输也进入了新的发展阶段。欧美发达国家大力发展航空工业，开辟国际航线，逐步建立了全球性的空运网络。随着战后国际贸易的迅速发展，空运作为国际贸易运输的一种方式被广泛采用，在国际贸易运输中所占比重越来越大。

自行车的演进

在 1791 年夏季的一天，法国路易十六王宫的大草坪上聚集着许多人。突然，传来一阵“嗒嗒”的声音，并伴着很响的“唰唰”声。很快，人们看到一位名叫西夫拉克的男士狂奔着从草坪中间穿过。不过，他不是像人们平常那样奔跑，而是坐在一只奇怪的装着轮子的“木马”上，用两只脚做奔跑的动作蹬踏着地面。当西夫拉克从草坪的尽头跑回来时，人们已经被西夫拉克的“滚动木马”所吸引而为其喝彩。大家肯定奇怪这个“木马”到底是什么，它就是我们今天所骑行的自行车的雏形。西夫拉克设计的自行车与我们今天的自行车并不一样，它只有两个轮子而没有任何的传动装置，而且车子上也无转向装置，只能直行，不能拐弯。人骑在上面，需要用两脚蹬地驱车

向前滚动，类似今天儿童骑行的平衡车。虽然西夫拉克的自行车极其简陋，但自行车的历史由此开始了。

现代自行车的诞生

与现代自行车相比，早期的自行车无论从外形还是结构上都存在着较大的差异。早期自行车构造简单，功能单一，经过了 100 多年的演进，在发明家的不懈奋斗和改进下，才成为今天自行车的模样。

1885 年，英国人约翰·斯塔雷设计了一款新自行车。这辆车用钢管制成了菱形车架，前后轮大小相同，以保持平衡。车上还装有前叉和车闸，使用滚珠轴承和橡胶实心车轮。到 1888 年，英国兽医邓洛普受医

早期自行车的发展历程

1801 年，俄国人阿尔塔马诺夫设计出世界上第一辆用踏板踩动的自行车。

1817 年，德国人德雷斯在自行车上安装了方向舵，使其能改变行驶方向。

1839 年，苏格兰的铁匠麦克米伦设计出一款新式自行车，该车用木制车轮，装实心橡胶轮胎，前轮小、后轮大，坐垫较低，装有脚踏板和曲柄连杆装置，骑者可以双脚离开地面。

治牛胃胀气启发，用中空的橡胶管制造出内胎，用皮革制造出外胎，然后往橡胶管里充气，作为自行车的充气轮胎。自行车充气橡胶轮胎的使用，大大改善了骑行时的颠簸，自行车从这时开始迅速在全球风靡。

中国与自行车

1866 年，清朝派出了第一个出国考察团，考察团中一位 19 岁少年张德彝在游记里使用了“自行车”一词，被认为是中文“自行车”一词的首次出现，一直沿用至今。1885 年后，一些洋行将自行车及零件列为“五金杂货类”输入上海，到 19 世纪末，自行车不断输入中国，已有了广泛市场。当时还有一位特殊的自行车忠实爱好者，即清朝末代皇帝溥仪。他是有确切记载的第一位热衷于骑自行车的帝王。他为了骑自行车方便，令人锯掉了紫禁城宫门门槛。据档案记载，溥仪留在宫里骑着玩的自行车有 20 余辆。

第一次世界大战结束后，中国邮电事业迅速发展，自行车成为邮差的交通工具，这使自行车作为一种交通工具进入民众视野，市场对自行车的需求一时激增。上海的一些车行开始自己组装自行车，但不少零部件不能自己生产，还是依赖进口，这便是最早的国产自行车。直至 1949 年后，才有了真正的国产化自行车，出现了永久、凤凰、飞鸽等知名品牌。改革开放后，中国的自行车企业有了飞速的发展。至 2002 年，中国城镇居民每百户自行车拥有量达到 143 辆，全国自行车保有量已超过 5 亿辆，居世界之首，中国已成为世界上最大的自行车王国。

自行车与人类生活

第二次世界大战后，随着汽车工业的繁荣发展，自行车的生产和销售都受到了影响，一度比较萧条。然而自行车作为一项重要的交通工具，它无噪声、无污染、重量轻、结构简单、物美价廉、使用和维修方便，既能作为代步和运载货物的工具，又可以进行体育锻炼，凭借自身独特的优势和不可替代性，自行车迎来了它的复兴。

20 世纪 70 年代，随着能源和环保危机在全球的显现，越来越多的人意识到使用汽车作为交通工具带来的问题，如油价高导致的开支增加，燃油在燃烧时产生的污染以及交通拥堵等等。在低碳、环保、自由等理念的推动下，自行车又迎来了全新的开放发展模式。一辆辆自行车从家庭走向街头，似乎融入了人们生活的所有角落，加之近年来共享单车的兴起，自行车又在悄然改变我们的生活方式及城市。

如今的城市设计，已经不仅仅为汽车和公共汽车考虑，建造自行车道成为设计潮流，这是为了让人们能更安全、更美好地感受骑行，感受人与城市的完美融合。2018 年，联合国将每年 6 月 3 日定为“世界自行车日”，鼓励会员国采取最佳的做法和途径，在全体社会成员中推广自行车，让自行车在减少交通排放和交通死亡、解决肥胖和疾病等问题方面发挥出巨大的作用。说不定在未来，小小的自行车，将给我们带来更多意想不到的改变和惊喜。

地下铁路

“谁敢冒险进入伦敦肮脏的地下世界，进入黑暗嘈杂的隧道里……在这里老鼠泛滥成灾，下水道的污水横流，煤气管道的烟雾弥漫。”1862 年，英国《泰晤士报》的一位编辑断定地铁这项事业注定失败！然而在几个月后，约有 4 万名乘客聚集在帕丁顿火车站——他们想亲身体验世界上第一条地铁。

应运而生的地下铁路

19 世纪中期，英国刚完成了工业革命，随着经济的繁荣，首都伦敦作为世界港口和商业中心大获成功，大批人口涌入首都伦敦。伦敦成为欧洲最大的城市之一，拥有 300 多万人口。众多的人口使伦敦的交通一时间陷入窘境。尽管在当时蒸汽火车已融入伦敦人的生活，但每天还有 72.5 万名乘客需要以各种方式完成从火车站到工作场所的路程。他们或步行，或乘坐公共马车、电车，或者乘船，道路上挤满了车辆。加之城市规划和布局陈旧，人口数量超出原本的交通承载量，这使得上下班高峰期的伦敦交通几乎瘫痪。

面对日益拥堵的伦敦交通，有位名叫查尔斯·皮尔森的律师深受其苦。有一天，他看到老鼠在地下打洞跑来跑去，立刻有了一个想法：人类是否可以在地下坐火车运行，

从而减少地面的交通拥堵呢？于是他提议将地面的铁路搬到地下，并为此设计了方案。然而在地下修铁路，在当时听起来不亚于天方夜谭，因此他的想法一直没有得到认可。为此他四处奔走，10 余年后，当各种工程难题解决后，伦敦市政当局终于同意了他的建议。1860 年，皮尔森创建了大都会铁路公司，筹集资金并开始施工。但无论在哪里施工，都会给附近的居民造成混乱，因为当时挖掘隧道的方法很笨拙：先把地上部分的住户全部搬迁，工人们从地面向下挖掘一条宽 10 米深 6 米的大壕沟，用砖加固沟壁，再搭成拱形的砖顶，然后将土回填，在地面上重建道路和房屋，耗资巨大。同时，为了把蒸汽机车排出的浓烟引出地下，建好的隧道还要钻出通风孔。虽历经各种艰难，1863 年，全长 6.4 千米的第一条地铁终于问世于伦敦中心地区。尽管蒸汽机车上喷出的烟把火车弄得肮脏不堪，乘客从地铁站出来时，也经常是满身灰尘，几近窒息，但人们还是蜂拥而至，地铁很快成为人们不可或缺的出行方式。为了方便民众的出行，1884 年，伦敦建成绕伦敦城的环线地铁。

1890 年，英国首次将发明不久的电力机车运用到了地铁。电力机车没有蒸汽机车的烟尘，地铁“灰头土脸”的形象得以改观，地铁的实用性也大幅提升。至此，现代地铁的雏形已经形成。不过，电力机车的使用又使地铁面临着新的问题——动力分配不足。因为当时供电技术和系统都不完善，机车的电力主要来源于站点，机车离站点越远，动力就越没有保障。不过随着电力技术的完善，这些问题逐渐得到解决。电力对地铁的帮助不仅在于牵引车辆，还可以帮助乘坐地铁的人们穿梭于地面与地下车站之间。毕竟地铁的车站往往在地下十几米处，为了能让人们快速到达地下的站台，地铁站都需要设置大型电梯。起初的电梯是依靠蒸汽机运行的，两边门均可开合，乘客们从一边门上电梯，从另一边门下电梯。这种由蒸汽机运行的电梯很容易出故障，后来就更换成电力驱动。1906 年自动扶梯的出现，让地铁站变得更加便利。可以说正是地铁的发展带动了电梯的发展和进步。总之，电力革命使地铁开始进入快速发展阶段，并在世界范围内推广开来，逐渐成为人类公共交通的主要形式之一。

地铁的发展进程

1896 年，匈牙利布达佩斯建成了欧洲大陆上第一条地铁，也是欧洲大陆第一条电气化地铁。

1900 年，法国巴黎为迎接世界博览会，缓解城市交通状况，加快建成法国的第一条地铁。

1902 年，德国柏林地铁投入运营，第一条地铁主要部分是高架，并非地下。

1904 年，美国纽约开通了地铁，成为美国第一个建立地铁系统的城市，纽约地铁也是世界上唯一每天 24 小时运营的地铁。

1913 年，阿根廷的布宜诺斯艾利斯建成地铁系统，成为拉丁美洲第一个拥有地铁系统的城市。

到 1963 年伦敦第一条地铁建成 100 周年之时，世界上已有 26 个城市拥有地铁。

由于汽车工业的发展和两次世界大战的爆发，加之地铁投资大、建设周期长，地铁的发展在 20 世纪 20 年代后逐渐呈现出停滞甚至萎缩的局面。第二次世界大战后，汽车的数量激增，城市道路不堪重负，加上不断增加的石油资源消耗、空气和噪声污染，地铁凭借占地面积小、污染小、运量大的优势再次获得人们的青睐，许多国家兴建地铁。

1969 年，北京修建了我国第一条地铁，1971 年正式开通。1987 年，埃及开罗开通了第一条地铁，也是非洲的第一条地铁。在这期间，地铁技术也迅速实现了现代化的发展。1953 年，受军用飞机的启发，新的铝合金列车开始运行。1969 年，英国伦敦的地铁再次引领地铁新风向。它建成世界上第一条拥有自动驾驶系统的地铁，列车员只需要关上车门，按下按钮就可以启动列车。乘客还可以从自动售票机上买票，自动门会读取车票上的磁条，这些都是地铁之前没有的装置。

今天，地铁已成为人类重要的交通工具之一，截至 2023 年，已有 63 个国家的 200 座城市拥有自己的地铁系统。我国共有 59 座城市已开通地铁，线路总数位居世界首位。

战争的避难所

由于地铁大多建在地下 10 多米处，因此在战争中，地铁往往以避难所的身份，守护着城市的居民，发挥了不可磨灭的作用。第二次世界大战期间，1940 年德国对英国首都伦敦进行了大轰炸，一枚枚硕大的炸弹直落伦敦。此时，伦敦地铁网络最深处的 79 个车站变成了避难所，地铁站台被改造成宿舍。每次警报一响，成千上万的人都会躲到地铁站里，甚至连政府也在地下找到了避难所：废弃的下街车站成为英国首相丘吉尔的战时内阁所在地。1940 年大轰炸后，伦敦地铁的隧道又担当起了防空洞的作用，成为战时的军事指挥中心、战时工厂、医院和市民的避难所，首相丘吉尔也在一处小地铁站里继续工作。有的地铁站还安排了床铺，据当时的记载，因为供不应求，还需要买票预订这样的床位。直至今天，地铁除了承担交通运输的职能之外，仍然具有战时充当防空工程的作用。

管道运输

说起管道，大家可能想到的是平常生活中看到的水管、燃气管，这些管道给人们的日常生活输送必要的生活物资——水和天然气，这就是一种管道运输。现代的管道运输是货物在管道内借用高压气泵的压力向目的地输送。如果说管道像人类的血管，高压气泵就像是心脏。管道运输将运输通道与运输工具合二为一，适于运输气体和液体货物，且不受地面气候影响，自然条件限制少，并可连续作业和全天运行。如今，管道运输已与铁路、公路、水路和航空一起，并列成为现代物流的五大运输方式。

古代的管道运输

管道运输其实是一种既古老又年轻的运输方式。历史上，在古代印度地区，公元前 2700 年就出现了人类最早配置水管的城市。在这些城市里，人们已开始使用一头带宽凸缘的标准陶管，这样的管子易于连接，抹上沥青后还可以防止漏水。此外，在埃及法老神庙遗址（据考证，法老神庙大约建于公元前 2450 年），出土了世界上最早的金属水管，长约 400 米，用折叠铜片制成。

在公元前 3 世纪，我国四川地区的人们就创造了利用竹子连接成管道，输送盐泉里产生的制盐卤水来制盐。公元前 60 年前后，在四川、陕西等地已出现天然气井（火井），人们利用竹管输气。明朝《天工开物》中对此有详细的记载。明朝的输气技术已发展到多管输送和纵横衔接分输的程度。这一时期的输气距离也由“周围砌灶”就地引管，发展到“以竹筒引之百步千步”，当时管道建设技术已有一定水平。到 19

世纪末，四川自流井输送天然气和卤水的竹子管道长达 200 千米。

现代的管道运输

现代管道工业起源于美国。19世纪中叶，美国宾夕法尼亚州成功打出了第一口油井。为了将所开采的原油送到 120 千米外的匹兹堡炼油厂，要先用马车将原油从油田运至铁路站或水运码头，然后用火车或船舶运至匹兹堡，再用马车送到炼油厂。这样每天光油田就需要用近 2000 辆马车，不仅运费昂贵，还时常面临发生火灾的危险。为了改变这种状况，有人提出使用管道来运输。1879 年，美国人铺设了世界上第一条长距离输油管道，长约 177 千米。该管道主要用于运输石油、天然气、液化石油气、化工原料等。随着第二次世界大战后石油工业的发展，全世界管道运输建设进入了一个新的阶段，各产油国竞相兴建石油及油气管道。管道运输带来了运输方式的变革，作为连接重要能源与市场的桥梁和纽带，管道运输以高效率、低成本、安全可靠等优势显现出旺盛的生命力。

中国的现代管道建设

我国第一条长距离输油管道建于 1958 年，其长度为 147 千米，直径 150 毫米，将克拉玛依油田的原油输送至独山子炼油厂。20 世纪六七十年代，随着大庆、胜利、华北、中原等油田的开发，我国迎来了管道工业的第一个大发展时期，兴建了贯穿东北、华北、华东地区的原油管道网。

我国第一条长距离天然气输送管道于 1963 年建成，其长度为 55 千米，直径为 426 毫米，将四川南部的天然气输送至重庆市。20 世纪 60 年代中后期到 80 年代末，川渝地区输气管道建设经历了一个较快的发展阶段，建成了一批输气干线及连接城市和大型化工厂的输气支线，构成了全长 1400 千米的川渝环形输气管网。

2000 年，为了缓解中国东西部发展不平衡的问题，实施西部大开发战略，加快中西部地区发展，我国实施了“西气东输”工程。西气东输管道西起新疆塔里木盆地的轮南，东到上海，全长 4200 千米，是我国距离最长、口径最大的输气管道，能为长江三角洲及沿线地区稳定提供天然气，是横贯中国的能源大动脉。

集装箱与经济全球化

在 1954 年，美国承包的普通货船“勇士”号从纽约的布鲁克林向德国的不来梅哈芬港运输了重达 5000 吨的货物。这批货物共有 19 万多件，规格不一，有盒子、纸箱、袋子、箱子、线盘、包裹、鼓形圆桶、罐子、木桶、板条箱，还有机动车等。这批货物分 1156 批次从 151 个城市运抵布鲁克林。单装船就用了 6 天时间，这次航程花了差不多 11 天时间，卸货又用了 4 天。总航运成本约为 23 万美元，其中港口费就占到了 37%，而海上航行的成本只占 11%。“勇士”号所花费的高昂运费是当时所有远洋船队面临的共同问题。在 20 世纪 50 年代中期以前，海上运输货物的成本十分昂贵。尽管已经有了速度更快的发动机和更大的货船，但港口仍然是远洋运输的巨大瓶颈。在港口，工人装货和卸货的过程不仅要耗费巨大的人力、财力，而且十分低效。因此，进口或出口货物运输费用中超过一半的费用都是港口费。然而这一切直到一件看似不起眼的东西出现才得以改变，这就是集装箱的发明和使用。集装箱极大地改变了远洋国际运输，引发了一场全球范围内的物流革命，加速了经济全球化的发展。

从卡车里走出来的集装箱

大家很难想象集装箱的发明竟源于卡车，其发明者是美国的一位卡车司机马尔科姆·麦克莱恩。1913 年，麦克莱恩出生于美国北卡罗来纳州的一个乡村。他高中毕业时正值经济大萧条时期，美国农业受到了沉重的打击，他不得不离开农村，去做一些整理货架、管理加油站的工作。由于工作勤奋加之头脑灵活，麦克莱恩只花了两三年就攒够钱，买了一辆二手卡车，于 1934 年开始了自己的运输业，而且没过多久，他的卡车就从 1 辆增加到 5 辆。

就在麦克莱恩的卡车运输事业蓬勃发展时，他突然遭到了当头一棒。美国政府开始对

公路运输限制重量并征收税费，他和他的司机们时常因运载货物太多而被罚款。头脑灵活的麦克莱恩很快想到公路市场窄小而海运市场宽广，于是他开始了往港口跑运输的业务。

一天，麦克莱恩从北卡罗来纳州拉了一车棉花，要通过水运将其运往新泽西州。当他来到码头上时，只见几十名工人正将别的卡车上的货物搬下来，然后这些人又挤在甲板上面或下面的狭窄空间中，像蚂蚁搬家一样，把堆成小山一般的货物装进麻袋、桶、板条箱中，或者捆成包，再一件一件地码到船上。麦克莱恩足足等了一天，也没有人能过来帮他把卡车上的棉花搬到船上，焦急的他恨不得把整辆车直接开到船上。正是这个想法让他眼前一亮！要是能把载有一车货物的卡车直接开到船上去，运到目的地后，再把卡车从船上开出来，这样不就可以省去中间装卸货物的时间吗？但他的想法却遭到运输专家们的反对："你对运输业一窍不通，把货物装进麻袋、桶、板条箱中，或者捆包，这是多少年来一直沿用的方法。"听了他们的话，麦克莱恩不再说什么，决定自己日后再来做这件事，而眼下最要紧的是发展自己，积累资本。

1955 年，麦克莱恩已拥有一家运输公司，他认为是将当年的想法付诸实践的时候了。于是，他以 600 万美元的价格卖掉了他的运输公司，并申请了 4200 万美元贷款，用其中的 700 万美元购买了一家航运公司——泛大西洋轮船公司。这家公司业务成熟，在美国东部许多港口城市拥有停泊权。开始，麦克莱恩尝试把卡车直接开到货船上，但发现开上去固然方便，但卡车轮子太占空间。他就想去掉车轮，只保留装载货物的车厢。然而，去掉车轮再安装，对于卡车运输来说过于复杂，也会消耗更多的时间。于是他又想到设计制造一种标准尺寸的大箱子。但是要设计出一款理想的箱子也非易事，它不仅自重要轻，还要坚固不易变形，又要能便捷地通过货船的装卸、堆叠，以及通过卡车公路运输。

通过大量的反复试验，麦克莱恩最终设计出一款长约 10 米、宽和高约 4 米的大箱子，这便是现代集装箱的雏形。它容量大、材质坚固、尺寸统一、可叠加、易于装卸，还能上锁防盗。这种集装箱相当于一个个独立的卡车车身，可以两个一起堆放在船上运输货物，或放置在卡车底盘上直接进行拖运。后来，他又在此基础上进行了多次改进，让集装箱变得更加实用。随后他又购买了油轮，在油轮甲板的上方安装了称为舱面的金属架，可以并排放置多个集装箱，同时设计了用来固定集装箱的配套装置。改造后的油轮在装载 15000 吨石油后还能容纳 58 个集装箱。麦克莱恩做了一个尝试，他先以散装的形式运送一批啤酒，然后再用集装箱的方式运输，发现后者节省了 95% 的成本，直接把啤酒的运费从 20 美分降低到 4 美分。从此，国际意义上的集装箱诞生了。集装箱的使用大大节省了货物装卸所需的人力和时间，降低了大宗货物的运输成本，开启了远洋运输规模化、自动化的序幕。集装箱航运发展成为一个巨大的行业，使全球贸易的繁荣成为可能，麦克莱恩也因此被誉为“集装箱之父”。

然而，集装箱诞生之初，发展也并不顺利。当时，世界各地没有统一的集装箱设计标准。与美国不同，欧洲的集装箱通常是带有钢制加强板的木箱，军队里的军用集装箱与民用集装箱也有区别。有些集装箱使用带钩的吊机搬运，有些底部有叉槽的集装箱由叉车搬运。多元化的集装箱设计，大大阻碍了集装箱的推广使用。因此麦克莱恩发明集装箱投入使用之初，一直都处于亏损状态，真正使他转亏为盈的是在 1961 年。彼时处于战争时期，美国需要把大量的货物从美国运送到亚洲，美国政府对效率要求极高，这时集装箱的优势就充分发挥出来。为此，麦克莱恩发明了 3C 原则，即一个箱子只装一种货物，而且只能是一个目的地。美国政府巨大订单量带来的利润，足以支撑 3C 原则。整个战争期间，麦克莱恩赚了 4.5 亿美元，同时也迎来了集装箱的繁荣时期，集装箱设计标准的统一也日趋完善。

集装箱促进全球化发展

集装箱迅速成为现代物流得力的工具，它加速了货物在全球范围内的周转，也加快了全球范围内的产业结构调整，使全球范围内的产业链分工得以实现。

在集装箱出现之前，远洋货物运输非常昂贵。长距离运送货物并不划算，更不用说穿越半个地球了。那时，中国还不是世界工厂，堪萨斯州中部的购物者很难在商店里看到巴西产的鞋子和墨西哥产的真空吸尘器；日本家庭吃不到来自美国怀俄明州的牛肉；在土耳其和越南找不到法国服装设计师裁剪、缝制的服装……集装箱使用普及后，全球运输成本大幅降低。借助集装箱运输，工厂可以设在生产成本较低的地方，而无须考虑与客户之间的距离。这为远距离的、国际范围内的产业分工铺平了道路。如一部手机的生产，包括产品设计、零件生产、部件组装和上市销售，各个环节都可以在不同的地方进行。就这样，一个遍及全球的产业链就形成了，有着廉价劳动力资源优势的亚洲成为世界工厂，而消费者足不出户就可以获得来自全球各地的廉价商品。这些都是集装箱对全球化进程的影响。

同时，全球化时代信息技术、人工智能的发展也反过来影响着集装箱的发展。例如跨境集装箱的大量涌入不可避免地带来许多安全隐患。但是，入境检查员不可能对装满货物的数百万个集装箱逐个检查，这对政府管理工作提出了挑战。因此，集装箱的安全性和智能化发展是一个重要的发展趋势。

为此，集装箱电子封条监管系统应运而生，该系统的核心是一种自动识别技术——无线射频识别技术，不仅具有传统封条系统的安全功能，还具有支持电子记录的功能，可以实现自动识别与跟踪等功能。随着材料、电子、计算机和网络技术的迅速发展，集装箱的产业技术也在不断升级。

总之，随着集装箱运输的发展及经营管理的现代化，集装箱运输将朝着物流中心化、管理科学化、港口高效化、船舶大型化等方向发展。

后　记

未来的交通

交通出行作为衣、食、住、行中的一个重要环节，与人们的生活品质息息相关。在漫长的历史长河中，人类不断发展交通技术并发明新的交通工具，使人类的出行速度、体验等得到极大提升。起初人类只能步行和背负物品前行，一日不过数十里。今天人们可以乘坐高铁和飞机，实现早上在广州吃早茶，晚上在千里之外的乌鲁木齐享受羊肉大餐，可谓一日千里。这在古人的眼里，不亚于神仙般的生活，但今天已经实现了。过去，高山、大河、大海这些人类难以逾越的天堑，今天也被刻上了人类的行迹。人类还将走向哪里，以什么样的方式通行？这些挑战仍然摆在人类面前，尚未了结。此外，今天的交通给我们带来了各种便捷的同时，也带来了新的问题，因此人类的交通出行还需要发展。

未来的交通是怎样的？这充满了很多变数。新技术的不断涌现使交通技术有了新的发展，新的交通工具也会应运而生，以满足人类对交通的多样化需求，因此未来的交通也许会呈现出这样几个变化。

未来的交通会更加快捷。从历史上看，人类对交通工具速度的追求从未停止，交通工具的速度也越来越快。1885 年的汽车时速才 10 千米，甚至还跑不过马车，但如今的 F1 方程式赛车时速已达到 400 千米。20 世纪初的蒸汽火车时速为 80~120 千米，百年后的今天，我国的高铁已实现了时速 350 千米。但人类并未停止追速的脚步，时速 1000 千米的“高速飞行列车”研发项目已启动，后续还将研制最大运行速度达 2000 千米和 4000 千米的超级高速列车。而航空业的发展也使未来的交通发展充满无限可能，也许会让我们实现星际间的旅行，使太空交通成为现实，甚至出现颠覆性的空间转移

等技术。交通正在改变着我们的时空和生活，也改变着人类的历史。

未来的交通会更加智能。今天随着计算机、互联网等信息技术的快速发展，人类比以往更有可能走进智能生活，交通也不例外。交通网络系统将走向智能化，无缝连接起各类交通工具，使人们的出行更加便捷。交通干线将走向高度的信息化。各种传感器、雷达测控、摄像监控等设备，通过传感、遥感等技术手段，加之更先进的通信手段及时采集反馈复杂天气、道路通行、交通事故等交通信息。各类车辆也可借助网络，实现车路互通、车车互通、车辆和卫星互通，甚至无人驾驶功能。人类也将拥有更多的智能化交通工具，如磁悬浮列车、在管道里运行的胶囊高铁、海底高铁等更加智能的交通工具。

未来的交通会更加绿色环保。今天，绿色环保已是交通发展的基本要求。交通运输业一直是石油、天然气等不可再生能源的消耗大户，也是二氧化碳等温室气体的主要排放源之一。交通运输业的快速发展一方面给人类带来各种便捷，另一方面也给人类带来更大的能源环境压力，甚至是对环境不可逆转的破坏。交通工具是为人类服务的，并非毁灭人类的杀手，因此未来的交通建设必须走资源节约型、环境友好型的可持续发展之路。当然，想要交通便捷的同时又绿色环保，人类无论是在理论支持还是技术支撑方面，都还有很长的路要走。

也许在更加遥远的未来，人、车、路系统将不复存在。那时海底、陆地、空中所有可利用的空间都可以作为“路”，供人或者物品进行传送。凡是可以承载人或货物的物品，都可以当作传送工具，相当于现在的“车”。传送工具在工作的同时，还可以通过互联网、传感器等接收所需的信息，并通过无线充电、太阳能等方式获取所需要的能量。

未来一切皆有可能，人类追求交通更新的脚步并未停歇，且越来越快。但无论未来交通怎样发展，始终不变的是在更快捷的同时，给人类带来安全、可靠和可持续性，这才是我们对交通的恒久需求。